Herman van Veen

Mütter

Eine Liebeserklärung

Aus dem Niederländischen von
Thomas Woitkewitsch

Die niederländische Originalausgabe erschien 2022 unter dem Titel
»Moeders« bei Alfabet Uitgevers, Amsterdam.

Besuchen Sie uns im Internet:
www.droemer-knaur.de

Aus Verantwortung für die Umwelt hat sich die Verlagsgruppe
Droemer Knaur zu einer nachhaltigen Buchproduktion verpflichtet.
Der bewusste Umgang mit unseren Ressourcen, der Schutz unseres Klimas
und der Natur gehören zu unseren obersten Unternehmenszielen.
Gemeinsam mit unseren Partnern und Lieferanten setzen wir uns für
eine klimaneutrale Buchproduktion ein, die den Erwerb von Klimazertifikaten
zur Kompensation des CO_2-Ausstoßes einschließt.
Weitere Informationen finden Sie unter: www.klimaneutralerverlag.de

Deutsche Erstausgabe April 2023
Knaur Verlag
© 2022 Herman van Veen
© 2023 der deutschsprachigen Ausgabe Knaur Verlag
Ein Imprint der Verlagsgruppe
Droemer Knaur GmbH & Co. KG, München
Alle Rechte vorbehalten. Das Werk darf – auch teilweise – nur mit
Genehmigung des Verlags wiedergegeben werden.
Covergestaltung: ZERO Werbeagentur, München
Coverabbildung: © Dorota Milej / Arcangel
Satz: Adobe InDesign im Verlag
Druck und Bindung: CPI books GmbH, Leck
ISBN 978-3-426-28623-4

*Erzähl noch mal von
weißt du noch,
Mama*

Inhalt

Vorwort   9

Mama   13
Ersatzmütter   37
Oma   51
Avatar   65
Der Mutterbaum   77
Tochter   93
Geigenmutter   109
Maria   121
Elefant   131
Das Meer   145
Leihmutter   157

Anmerkungen   167
Danke   171

Vorwort

Sie fragen, ob wir was gegessen hätten oder unsere Jacken warm genug wären, geben Küsse auf die wunden Stellen, schenken Schwestern Puppen, Brüder kriegen einen Zug. Sie sagen: »Du sollst nicht mit fremden Männern mitgehn!«, und: »Komm nach Haus, bevor es dunkel ist.« Wissen, wie man Flecken aus einer Hose kriegt und wie man Perlen auf einen Faden aufreiht. Wissen, wo der Salat ein Schnäppchen ist, dass man aufpassen muss auf die Gräten im Fisch. Sitzen an deinem Bett, wenn man Ziegenpeter hat, sie sagen: »Schatz, dein Vater hatte das auch.« Sie weinen, wenn Filmstars sterben und bei der Nationalhymne, wenn man sehr ausfällig über Ausländer spricht und wenn man an einem Sommertag heiratet. Sie wissen, was es wird, wenn du schwanger bist und was du in diesem Zustand nicht tun darfst. Für sie wirst du nie älter als elf, sie lieben dich mehr als sich selbst, sie sagen: »Hör auf meine Worte, du wirst noch an mich denken, wenn ich mal nicht mehr da bin.« Mütter.

Wirst du vorsichtig sein
mich anrufen
wenn du da bist
lass es mich wissen
was sie sagen
auch
wenn es schlimm ist
nicht vergessen
was wir verabredet haben
über nie wieder Krieg
wirst du aufstehn
die Straße runtergehn
dich melden
lieber Junge
bitte
vergiss das nicht.

Mama

Mein Vater hieß Liebling, meine Mutter Schatz. Pa war Typograf, Ma Hausfrau. Es muss so gelaufen sein: Liebling und Schatz kamen am 6. Juli 1944 um Viertel nach zehn auf meine Idee, nachdem sie zu zweit in der Besenkammer versteckt auf Radio Oranje gehört hatten, dass alliierte Truppen in der Normandie gelandet waren. »Liebling«, sagte Schatz, »zünde schon mal im Schlafzimmer die Teelichter an.« Schatz ging erst noch in die Wanne, in der sie danach das Wasser für Liebling drin ließ. Kurz darauf lagen sie unter dem Dröhnen von Bombenwerfern und hinter mit Packpapier abgedichteten Fenstern Hand in Hand, splitternackt, auf ihrem französischen Bett. »Schatz.« – »Ja.« – »Willst du auf dem Bauch oder auf dem Rücken?« – »Auf dem Rücken, Liebling.« – »Kissen unter den Po? Liegst du so bequem?« – »Liebling?« – »Hmmm.« – »Die Zimmerdecke ... muss geweißelt werden.«

Neun Monate später wurde ich geboren. Am 14. März 1945. Zehn Pfund schreiendes Fleisch. Mit Freude geben wir bekannt, unser Befreiungskind heißt Herre, Herre van Veen. Ich wurde nicht in der Sahelzone oder auf Nova Zembla, sondern in unserem gemütlichen Tässchen-Kaffee-Land geboren. Ich war ein Glückspilz. Ich bin von nach dem Krieg und hoffe, dass das so bleibt. Manchmal, manchmal träume ich noch von Papa und Mama, ihren Händen über meinen. Hör sie wieder fragen: »Und wer ist unser kleiner Prinz?« – »Ich, Mama, ich!«

Die Stelle, aus der ich einst gepresst wurde, habe ich danach nie mehr gesehen. Meine Mutter hielt das Dreieck sorgfältig verborgen in auffallend großen, locker sitzenden Unterhosen. Auch die Brüste, aus denen ich trank, habe ich, nachdem ich sie leer gesogen hatte, nie mehr außer in fleischfarbenen Büstenhaltern in Teewärmer-Größe gesehen. Meine beiden Schwestern und ich mussten uns mit Mamas Gesicht, ihren Schultern, Armen, Händen, Beinen, Füßen begnügen.

Mama war eine kleine Frau. Überall weich. Sie hatte dunkelblondes, halblanges, lockiges Haar, kornblumenblaue Augen, die strahlen, aber auch schwarz wie Anthrazit sein konnten. Einen Mund, der schön lachen und zu erzählen wusste, aber auch verschlossen sein konnte wie eine Auster. Kleine kräftige Hände. Man konnte sie nicht hintergehen. Überall hatte sie Augen. Aber in allen Augen, die sie hatte, saß immer ein kleines Licht.

Sie liebte Geselligkeit, Frühjahrsputz, ihre drei Kinder und ihren Mann. Sie sprach gerne über damals und wie und was. Sie liebte Lesen, Kreuzworträtsel, Spiele und Stricken. Sänger wie Bing Crosby, Nat King Cole, Vera Lynn. Sie stellte den Staubsauger ab, wenn Édith Piaf im Radio über ihren grandiosen Kummer sang und dem Schicksal der Unbedeutenden, der Zuhälter und der Huren ein musikalisches Denkmal setzte. Wir mussten dann so still sein wie Schnee. Mutter war oft krank, traurig, besorgt, manchmal fröhlich, vergnügt. Aber wie sie auch war, es war unvorhersehbar.

Mama, die im Hungerwinter so gelitten hatte, spürte ich zum ersten Mal an einem Märztag 1945 morgens um vier. Der Krieg war noch nicht beendet, aber Fröhlichkeit und

Freude lagen in der Luft. Die niederländische Fahne hatte man unter Bettlaken und Kopfkissenbezügen im Wäscheschrank verschwinden lassen, fein säuberlich gebügelt, jederzeit bereit, gehisst zu werden.

Sie war die Tochter eines Zigarrenmachers, Süßwasserfischers, Eiskunstläufers und Dreiband-Billard-Champions und einer Näherin. Eine kleine, mollige, ernsthaft lustige Frau. Hätte es zu ihrer Zeit olympische Disziplinen gegeben wie Staubsaugen, Knöpfe-Annähen, Stricken und Jeden-Groschen-zweimal-Umdrehen, dann wäre sie bestimmt dreifache Olympiasiegerin gewesen. Eine nüchterne, praktische Frau. Ich fragte sie an ihrem achtzigsten Geburtstag: »Mama, was glaubst du? Was kommt nach dem Tod?« – »Nach dem Tod, Liebling? Die Rechnungen.«

Für die Butter auf dem Butterbrot, den Honig aus dem Topf, für den Kratzer an deinem Kopf, deine Hände in ihren hatte Mama weiche Hände. Für das Schrubben des Flurs, das Zuschlagen der Tür, das Auswringen der Wäsche und den Teppichklopfer hatte sie harte Hände. Für das Öffnen des Briefes, das eine Telefongespräch, die Wutausbrüche von Vater, die Wörter aus dem Krieg hatte sie zitternde Hände. Für das Stopfen der Socken, das Bügeln der Hemden, das Stricken deiner Badehose, für ein Körnchen in deinem Auge hatte sie praktische Hände. Für deine Pobäckchen und deine Wangen hatte sie Mamahände, und vor der Reise zu ihrer Mutter hatte sie regungslose Hände.

Ich lernte von ihr, eine niederländische Lesetafel zu lesen – »Aap, noot, mies« – und Schnürsenkel zuzubinden, höflich zu sein, Hände zu waschen, Zähne zu putzen. Füße an der Fußmatte abzutreten, Himmel und Hölle zu spielen, Dosenwerfen, Eierlaufen. Seilhüpfen, rote Autos zu zählen, Lieder zu singen, und immer stand der Kaffee bereit, und immer wieder war Silvester. Ich bekam einen Roller, ein Fahrrad, ein Buch, die Masern und Röteln, eine Mütze, Sandalen und eine Cordhose. Wollmützen, Fäustlinge und Galoschen, eine Mundharmonika in C, ein kleines Zimmer auf dem Dachboden. Und immer wieder gab es Spekulatius und ständig war Nikolaus. Und dauernd gab es Stille Nacht, alles schläft, einsam wacht, und deine Mutter rief deinen Namen.

Wenn ich verärgert bin oder Angst habe, schlendere ich gerne, ohne irgendwas zu kaufen, auf Märkten und in Warenhäusern herum. Neulich traf ich bei C&A auf der Rolltreppe Joepie, einen Straßenfreund von früher. »Was tust du denn bei C&A?«, fragte ich ihn. »Dasselbe wie du«, antwortete er. »Du vermisst deine Mutter.«

Utrecht, Vogelenbuurt, Kievitdwarsstraat 52. Das Haus aus meinen Kindertagen, in dem noch vor dem Zweiten Weltkrieg errichteten Utrechter Viertel M., der Vogelenbuurt. In unserer Straße wohnten einst viele deutsche Juden, die in den Dreißigerjahren ihr Heil in der Utrechter Gegend suchten. Das Haus hatte eine Haustür mit drei kleinen blinden Fenstern. Darunter handgemalt »Van Veen«. Eine kupferne Türglocke und ein Briefkasten strahlten permanent um die Wette, weil sie jede Woche von meiner Mutter mit wetterfestem Erdal-Extrakt (»weniger putzen, längerer Glanz«) geputzt wurden.

Ich war lange nicht mehr da gewesen. Und als ich wiederkam, um noch mal zu sehen und zu gehen, wo ich einmal ging, dachte ich: »Müsste sich da nicht viel mehr verändert haben?« Würde ich noch wissen, welches Gesicht wem gehört, wem welches Haus, welcher Türspion, welcher Laden?

Hinter den gleichen Hausnummern wohnen jetzt andere Kinder mit anderem Rotz in den Nasen, anderen Gespenstern im Kopf und Socken auf halb sieben. Da schlürfen andere Väter und Mütter Gemüsesuppe, da warten andere künstliche Gebisse in Gläsern auf anderen Nachttischen, andere blitzsaubere Mütter mit Wischlappen und dicken Hintern in großen Unterhosen und babyrosafarbenen BHs, die nach Bohnerwachs riechen. Da sitzen andere alte Mütterchen mit wackelnden Köpfen und zitternden Händen zwischen Pflanzen und Gardinen, eingesperrt in ihre Erinnerungen, andere geschwätzige Griesgrame, die durch Türspione starren. Da träumen andere Mädchen von anderen Tarzans, da spielen andere Jungs mit sich vor anderen Brigitte Bardots. Da wohnen andere Nachbarn und Nachbarinnen mit anderer schmutziger Wäsche, da machen andere klatschende und tratschende Frauen aus anderen Mücken Elefanten, in dieser Straße gibt es kein Später mehr, kein Später, wenn ich groß bin.

Aus der Zeit, in der ich meine Mutter bekam, weiß ich nur noch wenig. Vielleicht der Geruch der süßen Muttermilch, an den ich bei der Geburt unserer Tochter erinnert wurde, das Piksen der Wangen meines Vaters, sein Husten im Flur, ein winzig kleines Püppchen aus Gummi in meiner Hand, das Schmusetuch, in das ich sabberte, die fahle Tapete, auf der ich alles sah: Kobolde, Drachen, Kamele, Hexen, schöne Mädchen. Bilder habe ich vom ersten Tag im Montessori-Kindergarten von Fräulein Boissevain: die praktischen Bauklötzchen, aus denen man ein Auto bauen konnte, wie gesagt, Schnürsenkel zuzubinden, Knöpfe zu knöpfen, Fäden zu flechten, Zeichnungen zu machen, die Reihe kleiner Klos im Flur mit Pendeltüren und der Geruch von Kinderpipi, ein paar Kinder, Mareike, die ich später heiraten würde, der zierliche Haken für die Mützen, Schals und Jacken, das Unwetter über den Dächern, meine liedersingende Mutter an der Spüle, mein Vater mit der Pfeife, der am Tisch Holz schnitzte, Bruchstücke von Gedanken, die im Laufe der Jahre öfter auftauchen.

Tschüss Licht durchs Fenster, tschüss Kolonnen von Träumen, tschüss Ticktack-Uhr, tschüss Frauengesicht. Tschüss Kissen, tschüss Laken, tschüss Federbetten, tschüss Tasse Tee. Tschüss Klobrille, tschüss Morgenpipi, tschüss Abreißkalender, Bademantel, tschüss Türspalt, tschüss Spinnennetz, tschüss Fliegendreck, vertrocknete Salamander, tschüss Zahnpasta, tschüss Wasser aus der Wand, tschüss Handtuch, tschüss Socken, kurze Hosen. Tschüss knallrotes Oberhemd, tschüss do re mi fa, tschüss Papa, Mama.

Wir sitzen am Tisch, Pa, Ma und ich. Der Tisch ist übersät von Puzzleteilen. Ich sehe mir den Deckel der Schachtel an, darauf sieht man, wie das Puzzle aussehen soll. Schneewittchen und die sieben Zwerge. Wir sind entspannt beschäftigt. Im Hintergrund fällt ein Holzfäller einen Baum. Im Schatten der Bäume steht eine sehr gemein blickende Frau und beobachtet Schneewittchen. Es klingelt, Mama steht auf und geht zur Haustür. Ich hinter ihr her. Wer klingelt denn jetzt, am Sonntag?

Vor der Tür steht ein Mädchen mit zitternden Beinen und einem Gesicht weiß wie Kitt. »Tante Hoeffie«, sagt sie zu meiner Mutter. Der Nachname von meiner Mutter war Verhoef. »Tante Hoeffie, ich blute, aus meinem Bauch kommen Kirschen.« – »Kirschen? Ach Gott, Kind, komm rein, ist deine Stiefmutter nicht zu Hause?« – »Nein, sie ist bei einem Gemüsebauern in Vleuten.«

Mama legte einen Arm um sie und nahm das Nachbarmädchen mit in die Küche. Ich durfte nicht mit rein. »Herman, das ist eine Sache für Mädchen untereinander.« Ohne etwas zu verstehen, verharrte ich im Flur. In dem Moment, in dem ich weglaufen wollte, ging die Tür wieder auf. »Junge, fragst du bitte mal Oma, ob sie noch Frauenmantel hat? Aber sag erst deinem Vater, er soll die Wanne aus dem Schuppen holen.«

Ich rannte daraufhin über die Straße, die Tür stand immer einen Spaltbreit offen. »Ist es für deine Schwester? Ist sie mannbar?«, fragte Oma mich. »Gratuliere.« Ich verstand nichts.

Oma sah aus wie eine Hexe. Sie hatte genau so einen Dutt. Sie war eine Schiffertochter, wusste fast alles über Ufer. Zum Beispiel erzählte sie mir einmal, Kühe mögen keine Butterblumen. Ihr Duft sorge dafür, dass sie nicht in den Graben trotteten. Warum gab es dann doch Stacheldraht? Oma nahm mich mit in den Garten, ein kurzer Blick, da zwischen der Scheune und dem Hühnerstall standen zwischen den Brennnesseln ein paar gelbgrüne Pflänzchen. »Frauenmantel, Tau- oder Mariakraut, Himmelwasser«, murmelte Oma, »das ist ein altes Alchemistenkräutlein, das hilft gegen weißen Ausfluss und Menstruation.« Seitdem wusste ich, dank der Akademie der

Straßenwissenschaften, dass Kirschen keinen Frauenmantel mögen.

Neeltje Jacoba, so nannte meine Mutter manchmal die Monatsbinde nach einem Rettungsschiff. Wenn sie witzig drauf war, band sie sich eine Monatsbinde um ihren Kopf, zwängte die Ohren durch die Knopflöcher und imitierte dann einen Katwijker Kutterfischer, der mit einem aufgesetzten Kopfhörer in ein Mikrofon rief: »Hallo, hallo, Scheveningen. Hier ist Neeltje Jacoba. Wir sind sieben Seemeilen von der Küste entfernt, können Opa sehen, wie er auf dem Pier steht und angelt. Meiner Meinung nach fehlt ihm der nötige Biss.«

Eine halbe Stunde später ging das Nachbarmädchen ziemlich bedröppelt weg. »Vielen Dank, Tante Hoeffie.« – »Das Schätzchen hatte zum ersten Mal ihre Tage. Das wusste ich nicht. Dachte, dass sie ein Leck hätte, leerlief, starb, Kirschen im Bauch hätte«, erzählte Pa. »Deine Mutter hat sie gewaschen, ihre Wäsche gewechselt und erklärt, was das heißt, seine Tage zu haben. Das ist etwas, das man feiern muss, dann isst man Zwieback mit Zuckerstreuseln.« – »Nein, Jan, das macht man, wenn ein Kind geboren wurde. Etwas, von dem man glücklich wird. Was bringen die Menschen ihren Kindern bei? Sie kann kaum lesen und schreiben, er arbeitet Tag und Nacht, und wenn er nicht arbeitet, sitzt er in der Kneipe oder beim Utrechter Fußballverein DOS. Sie können nichts dafür.«

Ein Glück, dass wir neben ihr wohnten. »Herre, seine Tage zu haben bedeutet, dass man Kinder kriegen kann. Dass du als Mädchen dafür bereit bist.« Meine Mutter war schon lange bereit. Sie bekam drei Kinder, die die Geburt überlebten. Nach meiner jüngsten Schwester haben sie noch ein paar Mal versucht, einen Jungen zu machen. Aber das glückte nicht. »Dein Vater hatte nicht genügend Saft«, sagte sie mal.

Jeden Morgen, wenn ich wach wurde, stand mein Pimmel fröhlich aufrecht, wie ein Fingerzeig, um mich an das zu erinnern, was mir alles bevorstand. Wie vom Himmel kam dann immer der nasse kalte Waschlappen von meiner Mutter, die das eine und das andere mit einem Klacks Seife wieder in die richtige Perspektive wusch.

»Herzlichen Glückwunsch zu Ihrem Geburtstag.« – »Was sagen Sie?« – »Nein, Frau Levi, das sind keine deutschen Soldaten, das ist ein Güterzug, der über die Eisenbahnbrücke fährt.«

Kennen Sie das, eine Welle, die in einem aufsteigt? Das Gefühl, nicht aushalten zu können, dass uns Vater, Mutter, Schwestern, Opas und Omas nicht vermissen können? Ganz gleich, wie lange es schon her ist, ich empfinde es bei Geburtstagen und Weihnachten, habe eine große Scheu davor.

Als Kind war ich manchmal entsetzt, wenn mir klar wurde, dass ich mich eines Tages in einen großen Menschen verändern würde. Und hierbei denke ich vor allem daran, wie ich mich fühlte, nachdem ich das Fotoalbum gefunden hatte, das schwarze Album mit den roten schreienden Buchstaben Hitler, versteckt hinter den Büchern über den Zweiten Weltkrieg, durch das ich begriff, dass Menschen, große Menschen, Väter und Mütter, auch dazu in der Lage sind: einander die Köpfe einzuschlagen, einem in den Rücken zu schießen. Bomben auf Städte zu werfen,

Menschen zu vergasen. Nein, das wollte ich nicht werden, groß. Wie können gute, große Menschen in Himmels Namen so schlimme Dinge tun? Lasst mich ruhig klein bleiben.

Soll ich dir zeigen, wo es war? Komm, schau mal, hier, zwischen den Brombeeren, hinter den Rhabarberblättern liegt noch ein Stück von einer Schiene. Und da eine Bahnschwelle, eine blinde Mauer und hinter dem Efeu ein Schild mit der Aufschrift »Gefundene Objekte«. Wenn du die Ohren spitzt, hörst du in dem Geflüster der Bäume »Lebewohl«, »Bis später«, »Ich schreibe dir«, einen Schluchzer und ein Schnauben ins Taschentuch. Das Öffnen eines Koffers. »Tschüss, ich muss jetzt gehen, auf Wiedersehen, ich vermisse dich jetzt schon.« Niemand steigt hier noch ein, niemand aus. Kein Vater, keine Mutter, kein Kind, keine Alten. Handelsvertreter, Soldaten. Hier wartet kein Hund mehr auf sein Herrchen. Wenn man gut riechen kann, dann riecht man zwischen dem Farn noch Pfeifentabak und einen Hauch Eau de Cologne, den Geruch von nassen Regenjacken, Holzschuhen, das Leder von Schuhen, Stiefeln, den Angstschweiß der Festgenommenen. Hier kommt und geht kein Mensch mehr. An keinem Tag.

Ich konnte und kann weiterträumen, einen Traum der vergangenen Nacht fortsetzen, wie man in einem Buch bei einem Eselsohr auf Seite soundsoviel weiterliest. Aber auf einige Träume hat man leider keinen Einfluss, die träumen sich selbst. Die hartnäckigen Träume. Das Erbe von tagsüber, das wie ein Schatten im Dunkeln auf einen wartet, in dem man stecken bleibt.

Ich hör die Tauben im Rinnstein gurren und döse ein. Die Angstträume kommen nicht nur in meinem Schlaf. Ich träume sie auch tagsüber.

Träume, dass ich hoch in den Bergen wandere. Es ist Sommer ... kein Wölkchen am Himmel, ich höre ein Rascheln. Sehe ein Murmeltier, das nach unten flüchtet. Da, in dem Tal sehe ich einen kleinen Bahnhof. Hör ich Glocken läuten? Es wartet ein Zug mit unendlich vielen Güterwagen, vollgestopft mit Menschen.

Neben dem Bahnhof liegt ein Massengrab, voll mit totgeschossenen Menschen, Menschen, die nicht mehr in den Zug passten. Soldaten stampfen die Erde ordentlich fest. Ein Zug mit einer Lokomotive, einer, die noch mit Kohle fährt, die faucht und pfeift. Ich klettere nach oben, weg von dem kleinen Bahnhof, dorthin, wo es schneit und still ist. Von hoch oben sehe ich, wie dunkle Flugzeuge tief über dem Boden, in den Dörfern ringsum Bomben fallen lassen. Rauch, Feuer, Explosionen. Das Unwetter und der Gasherd in der Küche werden nach diesem Traum nie mehr die sein, die sie waren. Soldaten marschieren in meinen Träumen ein und aus. Träume, die immer wieder, bestimmt einmal im Monat, wiederkommen.

»Herman, steig ein«, sagt eine alte Frau, der ich, als ich schon Mitte dreißig war, meinen Verfolgungstraum erzähle. »Wenn du wieder von dem kleinen Bahnhof und dem Zug träumst, kauf eine Fahrkarte und steig ein, dann kannst du weiterleben.« Ich verstand kein Wort. Doch als ich den Traum ein bisschen später wieder träumte, dachte ich in meinem Traum anscheinend an ihre Worte und nahm mir ein Herz, kaufte ein Ticket und stieg in den Zug. Mit Herzklopfen setzte ich einen Fuß aufs Trittbrett.

Zwängte mich hinein, kroch zwischen Beinen weiter zu einem kleinen freien Platz schräg gegenüber der Tür. Der Zug fuhr durch die Zeit, vom Sommer in den Winter. Nach einer tagelangen Reise stieg ich in Utrecht aus und hörte das Glockenspiel der Dom-Türme. Auf dem Bahnsteig warteten mein Vater und meine Mutter, sie hatten einen Hund bei sich. Wir hatten nie einen Hund. Sie nahmen mich an die Hand und gingen mit mir zu einem schmalen, hohen Haus, das aussah wie das unsere, aber es nicht war. Das galt auch für die lange Straße.

In dieser Domstraße gab es ein italienisches Restaurant und eine katholische Mädchenschule. Wir, mein Vater und meine Mutter, Tante Jans und Charlie Chaplin gingen an einem Laden mit Partyartikeln vorbei. Gegenüber vom Haus meines Opas und meiner Oma war ein Beerdigungsunternehmen für – wie man sie heute nicht mehr nennen darf – Liliputaner. In den Auslagen standen kleine, rot lackierte glänzende Särge und eine Bestattungskutsche. Gezogen von vier weißen Shetlandponys. Ein Männlein fiel um wie Humpty Dumpty, wurde von einem anderen Männlein hochgehoben und in einen Sarg gelegt. Der wurde danach in die Kutsche geladen und schließlich begraben. Als die Bestatter weg waren, begann sich die Erde zu bewegen, wie das bei Maulwürfen geschieht, die schnell mal über dem Erdboden auftauchen, um Atem zu holen. Und das Männlein kroch wieder springlebendig aus seinem Sarg, ging zurück und fiel wieder um und so weiter. Ein Perliliput-Mobile.

»Gott saß in jedem Waggon und in jedem Zug, der nach Auschwitz fuhr, weil er sich um jeden von uns kümmerte. Er hat darüber gewacht, dass die Kinder in die Waggons kletterten. Er hat darüber gewacht, dass die Türen gut geschlossen waren. Er hat darüber gewacht, dass das Zyklon-B-Gas seine Arbeit tat, wie es sich gehörte. Danach hat er sich in Miami Beach kurz mal ausgeruht«, schrieb einmal der Dichter Tobias Schiff.

Ich habe den schrecklichen Traum fast niemals mehr geträumt. Das letzte Mal war es vor ungefähr zehn Jahren tagsüber, nachdem ich eine Geschichte geschrieben hatte zu einigen Bildern, die ich aus Bewunderung für die nur achtzehn Jahre jung gewordene Dichterin Selma Meerbaum-Eisinger gemalt hatte.

Ich hatte mich nach der Lektüre ihrer Gedichte verliebt in ihre Worte, in ihr Gesicht. Sie erinnerte mich an Ada, das schönste Mädchen der Schule, für die ich mal hinten in ihrem Garten »Les trois cloches« von Édith Piaf sang und die nach all dem Schönen noch immer nichts von mir wissen wollte. Dieser verdammte Liebeskummer! Luddevede, wie wir sagen.

Ich habe mehrmals probiert, in einem meiner Träume, mich mit Selma Meerbaum zu verabreden. Es ist mir einmal geglückt. Wir begrüßten uns in der Halle eines Londoner Westend-Theaters, das in Paris stand. Von der Vorstellung haben wir nichts mitgekriegt, weil wir nur dasaßen und redeten, über alles, was schön ist, Malereien, Musik, Wälder, Berge, Blumen, Wasser, Vögel und die Liebe, die Liebe, die Liebe.

Lieber Sohn, du fragst, warum heute die Fahne auf halbmast hängt, die Glocken läuten und warum all die alten Menschen in sich zu schauen scheinen. Du fragst, warum das ist, die Stille, die paar Minuten Stille. Das ist, weil wir nicht vergessen wollen, weil, wenn wir vergessen, jeder Kriegstote dann umsonst ein Toter ist.

Die Angst machenden Kriegsträume bin ich los, doch ich höre nicht auf, die Geschichten davon zu erzählen und zu singen. Immer wieder.

Wenn ich mal vor der Wahl stünde, vor einer schwierigen, großen, wie würde ich entscheiden, wenn die Dinge genauso wie damals wären? Was würde ich dann tun? Würde ich wollen, würde ich müssen? In den Arsch kriechen, auf meinem Standpunkt bestehen oder ihn mit Füßen treten? Mich aus dem Staub machen, untertauchen, mich wie Vieh verschleppen lassen, würde ich rufen, schweigen, weiterkämpfen bis zum Schluss? Brav sein, überleben, Held oder Hosenscheißer, jemand, der ein Gewissen oder sich selbst vergessen hat? Für wen oder was sollte ich mich entscheiden?

Meine Mutter schrie mich mal an – warum, weiß ich nicht mehr: »Sei froh, mein Junge, dass es dich gibt!« Ich verstand kein Wort. Heute weiß ich aus den Unterlagen, die sie nachließ, dass ihre Mutter fünf Kinder verloren hat. Jetzt verstehe ich, warum ich froh sein sollte.

Berdina Maria Verhoef:
7. September 1898 – 13. Dezember 1899

Clasina Johanna Verhoef:
2. September 1899 – 11. Oktober 1899

Clasina Johanna Verhoef:
16. September – 5. November 1902

Wilhelmus Johannes Verhoef:
28. November 1904 – 8. August 1905

Hermanus Hendrik Verhoef:
11. Dezember 1921 – 28. Dezember 1921

Mama verlor drei Kinder, bei oder kurz nach der Geburt. Kinder, deren Namen ich nicht kenne. Vielleicht war darunter ein Brüderchen. Ein Kees oder Piet, ein Manus oder ein Hannes. Tränen haben keine Namen.

Lieber Papa, liebe Mama,

als der König von England starb, weintet ihr. Als die Russen in Ungarn einfielen, weintet ihr. Als Manchester United in einem Flugzeug abstürzte, weintet ihr. Als es die Überschwemmung in Seeland gab, als die alte Königin begraben wurde, als die Tbc-Patienten aus Aruba im Radio die Grüße übermittelten, weintet ihr.

Meine Mutter starb, wie man sagt, nach einer langen schweren Krankheit.

Babette, unsere älteste Tochter, die von unseren Kindern meiner Mutter am meisten gleicht, sagte am Tag von Mutters Beerdigung: »Ich denke, dass es keinen von uns überraschen würde, wenn Oma aus ihrem Sarg nach uns Ausschau hält, um zu sehen, wer alles da ist.«

»Schön, was?«, würde sie sagen. Hermien ist eigens aus dem Osten gekommen. Was für ein Schätzchen ist die kleine Freundin von Tim. Wie gut sieht Valentijn aus, und wie groß ist Anne geworden. Toll, dass Nils und Esther extra aus Teneriffa gekommen sind. Du musst dein Haar anders schneiden lassen, du siehst aus wie ein Mopp. Und Sebastian ist auch da, mein Urenkel. Ich habe auf dich gewartet.

Hast du gesehen, wie schön seine Öhrchen geformt sind? Bas hatte guten Saft und Jan, was haben wir es gut gehabt.«

Das sagte sie an ihren letzten Tagen oft. »Was haben wir es gut gehabt« und immer wieder »Entschuldigung, Entschuldigung für all die Unannehmlichkeiten«. »Ein Witz ist eine besiegte Träne«, schrieb sie in ein kleines blaues Büchlein neben alle möglichen Erinnerungen. Ihre letzte Notiz war: »Ohne Liebe kein Leben.«

Als ich meine Mutter so unbeschreiblich still liegen sah, wie eine alte Puppe aus bleichem Pergament, den Mund verwundert geöffnet, dachte ich: Ist das noch meine Mutter oder schon nicht mehr? Sie sieht ihr ähnlich. Ich sah mich so, wie ich auch einmal sein würde. Ich verstehe erst jetzt das Wort »vergleichbar«. Ruhe, Kummer, Freude, Ohnmacht, Panik, alles dröhnte gleichzeitig durch meinen Körper. Dort in diesem Bett wurde erklärt, wie ich geboren wurde. Meine Mutter, die immer und ewig da war, bedingungslos. Mit hunderttausend Tassen Kaffee, für jedes Wehwehchen hatte sie Küsschen, für jedes Hüsterchen einen Saft. Sie meckerte und meckerte zu unserem Besten. So begeistert und so stolz auf ihren Mann, auf uns und die Enkel. Neugierig, lernbegierig, interessiert bis zum Letzten. »Wie geht es den Lämmchen?«, fragte sie mit dem letzten Atemzug.

Mama, weißt du, ich schreibe das mit einem Kloß im Hals und Tränen in den Augen. Du fehlst mir, du wirst mir fehlen, und ich will, dass du mir fehlst. Es ist mir die allergrößte Ehre. Du bist das Sicherste, was mir in diesem verwirrenden, schönen, langen Leben passiert ist.

In unserer Covid-Vorstellung zitiere ich mit einem Augenzwinkern einen Hit aus frühen Radiozeiten in der niederländischen Version: »Mama, du bist die Liebste von der ganzen Welt, Mama, die Allerliebste von der ganzen Welt, später lass ich mich trauen, dann werd ich dir ein Häuschen bauen.« Das Häuschen haben wir gebaut. Sie hat nie darin gewohnt, sie wurde ein bisschen krank und dann noch ein bisschen, und eines Tages war sie verschlissen wie all die Pullis, die sie strickte. So ein verschlissener Pulli wurde danach umgestrickt zu einem Unterhemd. Das Unterhemd zu zwei warmen Fäustlingen, die Fäustlinge zu einem Topflappen, der Topflappen zu einem Eierwärmer, der Eierwärmer zu einem Koboldbärtchen für das Weihnachtspüppchen, das Koboldbärtchen vermoderte zu Staub in der Dose mit Weihnachtskugeln.

Da lag sie eines Tages, federleicht mit offenem Mund und einer Miene, als wollte sie fragen, habe ich alles aufgeräumt, den Gasherd ausgemacht, alles gesagt? Als meine Mutter beerdigt wurde, erschienen am Himmel zwei Regenbogen, während ein Mann mit einer rauen Stimme sang, dass *the world wonderful* wäre.

Ich würde so gerne mit dir skypen, dir die Kinder der Kinder zeigen, das älteste ist schon einundzwanzig. Das jüngste fast zehn. Ich würde dir so gerne zeigen, wie hoch die Bäume im Garten sind, und dir erzählen, dass es uns gut geht, dass wir meistens glücklich sind.

Ich weiß nicht mehr, wie ich es will, schreibe ich deshalb ins Buch. Am liebsten überhaupt nicht. Lass mich ruhig der Erste sein, der nicht stirbt. Den Weg erkunden. Und falls ich doch sterbe, kaufe ich am liebsten ein Ticket für die Überfahrt, gerne mit ein bisschen Musik. Nicht zu laut, etwas Fröhliches, in E-Dur mit Geigen und Gitarren. Ich denke, dass ich dabei sein möchte, mit dir und dir und dir.

Wenn das Leben dann doch vorbeigeht. Heutzutage zieht niemand mehr für einen Trauerzug die Vorhänge zu.

Das war mal ganz anders.

Als ich klein war, wurden manche Menschen schön und ruhig zu Grabe getragen. Zum Beispiel mit einer lackierten Kutsche, gezogen von vier pechschwarzen Friesen, mit Kutschern auf dem Bock in feierlichen Uniformen und mit Zylindern mit Federn auf dem Kopf, leer dreinschauende Männer, die weiße Handschuhe trugen. Vor dem Trauerzug ging manchmal eine Gestalt, die eine Trommel rührte, manchmal auch zwölf. Hinter der Kutsche mit dem Sarg war ein Wagen, vollgeladen mit Blumen mit Bändern, auf denen geschrieben stand: Ruhe sanft oder Lebewohl, Die Erinnerung bleibt, Auf Wiedersehen, Du wirst uns fehlen, Gute Reise, Wir liebten dich unglaublich. Nie las man: Viel Glück, Scheiß drauf, Auf Nimmerwiedersehen.

Hinter dem Blumenwagen kam die Kutsche mit der schluchzenden oder verkrampft lächelnden Familie. Dahinter schritten langsam die anderen, die weniger Nahestehenden. Die Menschen am Straßenrand nahmen ihre Hüte und Mützen ab, wenn ein solcher Trauerzug vorbeikam. Und wenn man keinen Hut oder keine Mütze aufhatte, schaute man auf den Boden, auf die nassen Steine der Straße, die still war. Wenn der Zug vorbei war, kam die Welt wieder in Bewegung. Die Vorhänge wurden wieder aufgezogen. Der Bäcker stieg auf sein Bäckereifahrrad, der Ölmann gab seinem Zughund einen Tritt, der Handelsvertreter stieg auf sein Pferd, die Nachbarin fuhr fort, ihre Fenster zu wienern. Und man kam zu spät zur Schule. Kein Lehrer wurde böse, denn man hatte einen Trauerzug gesehen. Das war eine genauso gute Entschuldigung wie eine geöffnete Zugbrücke oder ein Bahnübergang, an dem ein unendlicher Güterzug vorbeiratterte.

Heute ist das ganz anders. »An einem Tag wird der Leichenwagen für eine Beerdigung gebraucht, am anderen Tag für eine Hochzeit. An den Blumen kann man nichts erkennen«, wie der Schriftsteller Midas Dekker sagt, »Blumen für unsere Liebe oder unseren Tod, ermordet.« Deutlicher kann die Liebe nicht auf den Tod hinweisen.

To be or not to be. Sein oder nicht sein. Tod oder Tod. Ist Tod wirklich Tod? »Um sieben Uhr morgen bin ich gestorben, der Radiowecker zeigt achtundzwanzig Minuten nach acht an. Und noch keiner hat es gemerkt. Erst dachte ich natürlich, dass es sich um einen Albtraum handelte.« So beginnt der Roman *Auf Seelenspitzen* des französischen Dichters Didier van Cauwelaert. Ich lese im NEMO Wissenslink in einem Artikel von Asha ten Broeke: »Sterben ist eine Verabredung. Wenn das Herz von einem Patienten lange und unwiderruflich aufhört zu schlagen und er auch nicht mehr atmet, oder wenn sein Hirnstamm nicht mehr funktioniert, dann ist er tot. So haben Ärzte das definiert. Aber wissenschaftliche Untersuchungen haben ergeben, dass es so einfach nicht geht. So kann ein EEG (eine Untersuchung, bei der die Hirnaktivität gemessen wird) bis zu drei Tage, nachdem der Hirnstamm für tot erklärt wurde, noch Hirnaktivität registrieren. Auf der anderen Seite: Laut vieler Hirnwissenschaftler kann dein »Selbst« schon sterben, bevor Herz, Atmung und Hirnstamm ihre Arbeit für immer niederlegen. Das wirft die Frage auf: Wann genau gibt das, was dich ausmacht, den Löffel ab?« Wann ist dein Leben vorbei? Wann ist für immer Schluss? Wann ist man tot?

»Theoretisch gesehen hat man von dem Moment an, da die Blutzufuhr zum Hirn aufhört, noch ungefähr sechs Sekunden, in denen einem das Umfeld bewusst ist. Würde man unverhofft unter einer Guillotine landen, dann könnte dich der Henker also fragen, wie das nun ist, sterben, und wann es mit dir endgültig aus ist. Nicht dass du eine Antwort geben könntest – dein Kopf ist ja getrennt von der Lunge, der Luftröhre und den Stimmbändern –, aber wenn man vorher ein Zeichen vereinbart (zweimal zwinkern heißt: ›Es gibt mich noch‹, dreimal bedeutet: ›Sterben ist schmerzlos‹), wäre es theoretisch möglich.« Sofern dein Kopf natürlich nicht weggerollt ist.

Bist du noch da? Tut's denn weh? Oder wie fühlt es sich an, wenn man stirbt? »Aufhören zu atmen, ist nur der Anfang. Früher gingen die Menschen davon aus, dass man tot war, sobald man aufhörte zu atmen. Das hatte vor allem einen praktischen Grund: Im Gegensatz zum schwer zu hörenden Herzschlag (man denke nur an den Lärm im Krankenhauszimmer, an schluchzende Angehörige, an Kriegsgewalt, an einen ausbrechenden Vulkan, eine Überschwemmung – das Stethoskop war noch nicht erfunden) war das Ausbleiben der Atmung einfach festzustellen. Aber die Wissenschaft und medizinische Technik machten Fortschritte, und damit veränderte sich die Definition, wann wir jemanden tot nennen. Es ist übrigens nicht einfacher geworden.«

Sterben ist eine Grauzone. Man ist tot, zumindest denken das die Angehörigen, die am Bett stehen. Sie weinen, man will seiner Tochter ein Taschentuch geben, aber die Arme sind wie gelähmt. Man will ihr sagen: »Ich scheine tot zu sein, aber ich bin's nicht.« Man kriegt die Lippen nicht mehr auseinander, und so nehmen die Dinge ihren Lauf. Man will schreien: »Leg den Deckel noch nicht auf meinen Sarg, dann kann ich die Decke sehen und hören, was sie in der Aussegnungshalle sagen und spielen.« Und dann hat man, so ein Mist, hat man nichts ausgefüllt, also gehört der Körper jetzt der Wissenschaft. Man liegt auf einem Operationstisch. Ein Chirurg schneidet einen auf. Man will dem Mann in die Eier treten, warum sind die Füße festgebunden?

Einen Stift, ein Blatt Papier? Einen Umschlag, eine Briefmarke. Ich will meine Mutter noch etwas fragen.

Schreib mir, was du anhast, schreib mir, was du siehst, wer da auch ist und wer nicht. Schreib mir, wo die Sonne steht, schreib mir, ob es da Blumen gibt, schreib mir, gibt es da Pfefferminzbonbons, gibt es da Bücher? Schreib mir, gibt es da Schnee, schreib mir, gibt es da eine Art von Glauben, schreib mir, ist es da dunkel, gibt es da Hoffnung? Schreib mir, was du denkst, schreib mir, ob es regnet, schreib mir, wie deine Frisur sitzt, wer dir fehlt. Schreib mir, gibt es da ein Theater, schreib mir, wer da spielt, gibt es da einen Strand und wer hält deine Hand.

Mama

*Lass mich heute einfach nur sitzen
Nach dem Sonnenlicht sehn
Auf unserem Haus,
nichts anderes sehn als
dein stilles Gesicht
das strahlt
wenn ich wieder was unglaublich
Dummes sage.*

Ersatzmütter

Die Zeitungen titeln: Null Chancen, zwei Tore. Feyenoord, mein Klub neben Utrecht, war am Sonntag nahezu mit Ajax auf Augenhöhe in einem durch das Spielniveau traurig stimmenden Covid-Spiel. Während außerhalb des Stadions De Kuip die Polizei mit Wasserwerfern, Gummiknüppeln und Pferden damit beschäftigt war, eine eindringende Menge von Vandalen plattzuspritzen, spielte sich auf dem heiligen Feyenoord-Rasen eine hundert Jahre alte Tradition ab. Ein Lockdown-Fußballspiel zum Vergessen in der Kälte eines leeren Stadions, das ich auf dem Sofa vor dem Fernseher mit einem eisgekühlten jungen Jenever in der Wärme des Kamins genieße.

Ajax gewann nicht durch ein besseres Spiel, sondern durch eine bessere Ersatzbank. Der Amsterdamer Verein kann zwei qualitätsmäßig voneinander kaum zu unterscheidende Mannschaften aufstellen. Feyenoord mit Müh und Not nur anderthalb. Eine gut besetzte Ersatzbank ist ausschlaggebend. Zumindest, wenn das Team wirklich top sein will. Das wusste ich schon als Junge, weil der Utrechter Verein VV DOS, als er in meiner frühen Jugend niederländischer Meister wurde, eine sehr starke Reservebank hatte. In dieser Zeit beschloss ich deswegen, auf meiner Bank wenigstens eine Ersatzmutter zu haben. Für den Fall, dass meine eigene unter den Zug oder einen Elefanten kommen würde.

Es war ein langsames Reisen in den windstillen Fünfzigerjahren, in denen das Motto galt: Alles wird gut, schlimmer als es im Krieg gewesen ist, würde es nie mehr werden.

Warum hält der blöde Zug zum Teufel in Amersfoort, Nijkerk, Harderwijk, Nunspeet, in Zwolle? Warum ausgerechnet nicht in Meppel? Dort, wo ich hinmuss. Ahnt der Lokomotivführer denn nicht, dass sie sehnsüchtig auf mich warten, Tante Femmy, Klaasje, Onkel Henk, Marjo, Tineke, Jan. Warum ausgerechnet nicht in Meppel, denn da muss ich doch hin? Ahnt der Maschinist denn nicht, dass sie nach mir Ausschau halten, in der Hoofd- und Woldstraat, am Schwarzen Wasser, am Jodensteeg. Und auf der Bleekerinsel. Los, Türen schließen. Drück auf die Tube. Einsteigen, aussteigen, reich die Koffer weiter durch, ich hab nicht alle Zeit der Welt. Mann, pfeif auf der Zugpfeife! Ich habe sechs Wochen, sechs Wochen Ferien in Meppel vor mir. Los, gib Gas. Ich muss dringend zu einem Wohnwagen in Giethoorn. Da erwartet man mich. Kormorane, Fischotter, Graskarpfen, Sumpfkaninchen, Kröten, Frösche, Aale. Ist der Schaffner sich darüber im Klaren, dass ich in einem kleinen Zelt mit zwei Mädchen einen flotten Dreier haben werde? Mollige Mäuschen aus dem kleinen friesischen Dorf Sintjohannesga. Nee, ich will keine gefüllten Kekse, Mann, warme Schokomilch, Kaffee, Tee oder Limonade. Auch keine Morgenzeitung. Ich will nach Norden.

Alle drei Jahre komme ich noch jetzt aus sentimentalen Gründen ins Ogterop-Schauspielhaus in Meppel mit meinen Liedern und Erzählungen, und immer wieder, wenn ich in diese Stadt in der Provinz Drenthe hineinfahre, strömen die Bilder von den – wie ich sie nenne – sorglosen

Tagen durch meinen Kopf. Die mir so vertrauten Straßen und die jahrhundertealten Türme, von denen ich gehört habe, dass sie auf Pfählen und Ochsenbälgen stehen. Der Fluss, der den Namen Schwarzes Wasser trägt, die Überschwemmung auf den Straßen von 1960. Die Häuser, die einst Unterkünfte oder Leichenverbrennungsstätten waren, die Grachten, Märkte, wo die Blauweber, die Wäscher von Sackleinen wohnten, die jüdischen Metzger in der Woldstraat. Wenn ich die Glocken läuten höre, die in meinem Herzen mitschwingen, fühle ich wieder, wie verliebt ich war in Marjo, Giennie und Gieneke. In alles, was aus Meppel war.

In unserer Straße gingen die meisten Kinder in den Sommerferien der Fünfzigerjahre in die Stadtranderholung, ein vom Bürgermeister höchstpersönlich organisiertes Ferienprogramm für die Utrechter Arbeiterjugend. Da musste ich nicht hin. Ich durfte die Sommer woanders verbringen. Zuerst in Meppel, beim Bruder meines Vaters, Onkel Henk, und seiner Frau, Tante Klaasje. Danach bei Tante Femmie, der Schwester von Klaasje, und ihrem Mann Onkel Jan. Ein Foto von den lieben Drenther Schwestern hängt als Erinnerung an die besten Tanten der Welt noch heute prominent in unserer Küche.

Onkel Henk und Tante Klaasje hatten einen Herrenfriseur-Laden in der Woldstraat, wo einst das Meppeler Judenviertel war. Dort standen werktags vor der Tür ganze Reihen von Holzschuhen. Ich schlief in den Ferien oben in einem winzig kleinen Zimmer, in das gerade mal ein eisernes Bettgestell hineinpasste, zugegebenermaßen ein französisches. Fürs Pipimachen stand unter dem Bett eine Schüssel. In der Mitte der Zimmerdecke hing eine Lampe, darunter ein sich kräuselnder brauner Fliegenfänger voller festgeklebter, großer, schwarzer, glänzender Schmeißfliegen. Sie brummten ständig vom wöchentlichen Viehmarkt durch das offen stehende Fenster ihrem klebrigen Schicksal entgegen.

Bei dem donnerstäglichen Viehmarkt im breiten Teil der Woldstraat knubbelten sich die Bauern aus Staphorst, Drachten, Nieuw-Buinen, Zwolle. Viehhändler und Betrüger, inmitten von Kühen, Schweinen, Schafen und krakeelenden Hühnern. Und natürlich Pferden. Da wurde gehandelt und gekauft und verkauft. Da schlugen sich die Männer die Hände blau und tranken in den Kneipen auf das gute Geschäft, das sie gemacht hatten. Da wurden Pferde Probe geritten. Sie donnerten vorbei und kehrten mit glitzernden Hufen wieder um, direkt vor dem gerammelt vollen Friseursalon von Onkel Henk und Tante Klaasje.

Ich musste an sie denken, als ich später das schöne Buch von Astrid Lindgren las, *Das entschwundene Land,* in dem sie über die beiden Menschen schrieb, die nicht von ungefähr ihre Eltern waren. »O Liebe. Wie recht hat doch der Apostel, wenn er sagt, sie verträgt alles und duldet alles! ... Ich sah dich, und seit diesem Tage ich einzig auf Erden dich seh.« Henk war ein Bruder meines Vaters, er hatte zwei Brüder, einen Busfahrer und den Herrenfriseur. Onkel Henk war ein geborener Entertainer. Hatte eine gewisse Ähnlichkeit mit dem französischen Chansonnier und Schauspieler Yves Montand. Er machte bei jedem Kunden eine Show. »Der Nächste, bitte!«, rief er. »Waschen, rasieren, schneiden?« Er maß mit den Augen die Größe des Bauern, drehte den Friseursessel hoch wie ein Brückenwärter die Brücke. Verschob die Nackenstütze, klebte einen kleinen Streifen Krepppapier darauf, drehte das lederne Sitzkissen um und lud den Bauern ein, Platz zu nehmen. Er riss ein Stück von einer Rolle Klopapier ab und band es ihm wie einen hohen Kragen um den Hals, sodass er aussah wie Wilhelm von Oranien auf einem Bild im Schulbuch. Er band ihm mit einer graziösen Geste einen von Tante Klaasje blütenweiß gewaschenen Umhang um und faltete danach den Klopapierkragen darüber.

Dann schliff er mit seiner rechten Hand virtuos sein Rasiermesser auf einem schmalen Lederband (einem Scherleder) und schor den Mann so spiegelglatt, dass seine Wangen glänzten wie Tomaten. Tippte dann mit den Fingerspitzen etwas Eau de Cologne drauf, das er mit den Handtellern liebevoll verrieb. Das machte er auch bei mir, ohne mich zu rasieren. »Das tut gut, stimmt's?«

»Kaffee?« Anschließend kurbelte er an seiner Kaffeemühle wie ein Drehorgelmann. Der Friseurladen füllte sich mit dem Aroma. »Frisch aus Südamerika«, sagte er so überzeugend, dass man das Gefühl bekam, die Kunden würden gemahlenes Lama trinken.

Er konnte sagenhaft gut Witze erzählen. Wenn sich der ganze Laden vor Lachen ausschüttete, zwinkerte er mir im Spiegel zu. »Anschreiben?« – »Nee, Bart, heute nur koschere Bezahlung.« Das hieß, bar auf die Kralle, cash, wie heute mit einer Bank-Karte mit PIN-Code.

Bauer Bart steckte seine Hand in seinen Blaumann, um Kleingeld herauszufummeln, wobei er meinen Onkel Henk fragte, wer ich wäre. »Das ist Herre, der einzige Sohn von meinem Bruder Jan, der den ganzen Weg aus Utrecht gekommen ist.« – »Herre«, sagte Tante Klaasje, die mit einem Stapel frischer Handtücher hereinkam, »kann sehr schön singen, schöner als ein Mädchen.« Als sie das so sagte, bekam ich davon Gänsehaut. Sie hatten keine Kinder, Onkel Henk und Tante Klaasje. Ich war jeden Sommer aufs Neue ihr kleiner Prinz.

Als meine Tante starb – an den Nieren, wie meine Mutter sagte –, war Onkel Henk ein gebrochener Mann. Als ich ihn im Sommer nach der Beerdigung wiedersah, hätte ich ihn beinah nicht erkannt. Der fröhliche, kerzengerade Mann mit dem Humor in den Augen schien verschwunden. Sein Gesicht war grau und voller Pickel. Er verdorrte wie eine Sommerblume in einem Wintergarten. Die Witze waren aufgebraucht. Ich wohnte von da an bei Tante Femmie, der Schwester seiner Frau, in der herrlichen Hoofdstraat. Sie war genauso lieb, genauso schön, und das fand mein Vater auch. Zwischen den beiden spielte sich etwas Zärtliches ab, das sah ich an seinen und ihren Augen. Sie wussten, dass ich das wusste.

Onkel Henk kam abends zu Tante Femmie zum Essen. Dann war er still und hörte uns zu. Er nickte geistesabwesend und trank ein Gläschen Bier, und noch eins, und danach in der Kneipe gegenüber der Kirche noch ein paar. Und in seinem Friseursalon gönnte er sich schon um vierzehn Uhr ein Schnäpschen. Und er vergaß, das Kissen auf dem Friseursessel umzudrehen. Er maß keinen Bauern mehr mit den Augen. Er benutzte jetzt auch die Rückseite der Umhänge, die längst nicht mehr blütenweiß waren. Er drehte sie immer wieder um, und manchmal schnitt er unkonzentriert dem Kunden in die Bauernwange und sagte dann leise: »Pardon.« Und jeder konnte anschreiben lassen.

Nach drei Sommern sah ich, dass seine Hände bei allem, was er tat, zitterten. Dass sein Laden immer leerer wurde. Und dass auf dem Fliegenstreifen jetzt so viele Fliegen saßen, dass es keinen Platz mehr gab für neue. Und der große Ventilator an der Decke war so unbeweglich wie ein Foto. Manchmal sah er mich angestrengt an, wie man ein Gemälde ansieht. »Mein Junge«, sagte er dann.

Onkel Henk wurde an einem Tag gefunden, an dem wieder Viehmarkt war. Er lag in seinem Geschäft auf dem Fußboden. Zwischen Haufen von abgeschnittenen Haaren und Schwärmen von Schmeißfliegen wie in einem Film. Mit einem kleinen zerbrochenen Bilderrahmen in der Hand mit einem Foto von meiner unendlich lieben Tante Klaasje in kariertem Mantel und karierter Hose. Am folgenden Tag gab es in der Zeitung *Meppeler Courant* ein Foto von ihm, wie er einmal war: lachend in einer Rauchwolke mit einer Zigarette in der Hand.

Manchmal habe ich das Gefühl, dass er vorbeikommt, mich anschaut, unsichtbar in der Nähe ist, wenn ich traurig oder sehr froh bin. Onkel Henk? Aber das geht natürlich nicht, das ist nur ein Gedanke. Später würde ich, angeregt von einem alten Märchen, neue Märchen schreiben über ein Entenwaisenkind, Alfred Jodocus Kwak. Ich nannte seinen Stiefvater Henk, Henk de Mol, nach meinem Onkel Henk aus Meppel.

»Sieben«, sagte der Rattenfänger, »sieben Bisamratten.« Ich dachte an meinen Onkel Jan Bralten, den Mann von Tante Femmie. Sie hatten ein Geschäft mit Sportartikeln in der Hoofdstraat und hinter ihrem Haus einen für meine Begriffe enorm großen Garten mit einem Obstgarten und

Hühnern. Daneben besaßen sie auch einen Wohnwagen, am Ufer der Beulaker- und Belterwiede nahe dem Giethoornschen Meer. Ein wunderschönes Areal weitläufiger Schilfgebiete, voller kleiner Schlösser und Seen. Eine ungeheuer spannende Umgebung für einen Stadtjungen. Ich durfte da segeln, fischen, schwimmen, nach den Kormoranen blicken und auf die Jagd gehen, Enten schießen und Bisamratten fangen. Die aßen wir dann abends noch auf, wie Onkel Jan mir weismachte. Schön durchgebacken. Mit handgeschnittenen Fritten und Salat aus dem Gemüsegarten. »Wasserkaninchen«, nannte er die Ratten. Ich fand sie herrlich und hab nie daran gezweifelt, dass das, was ich aß, etwas anderes sein könnte. Zurück aus den Ferien, fand ich eines Abends zu Haus auf meinem Tisch ein »Wasserkaninchen«. »Boa ey«, sagte ich, »Wasserkaninchen! Lecker!«

»Mensch, Junge«, sagte meine Mutter, »das ist Schweinefilet.« – »Schweinefilet? Stimmt nicht! Ich hab sie gefangen und aufgegessen! Nicht dieses, aber die bei Onkel Jan.« Mein Vater legte meiner Mutter die Hand auf die Schulter und sagte: »Vielleicht hat sich unser Metzger geirrt. Und du hast unglücklicherweise doch Wasserkaninchen gekocht.« – »Glaubst du wirklich?«, fragte meine Mutter.

Ich sitze an einem sonnigen Mittag im Herbst des Jahres 2021 auf einem Stuhl im Foyer des Utrechter Stadttheaters und höre der Bürgermeisterin Sharon Dijksma zu, der soundsovielten Nachfolgerin des Utrechter Stadtranderholungs-Bürgermeisters.

»In allem, was ich sage, schreibe, singe und male, ist Utrecht«, sagt Sharon, »und Meppel. Von allen Gefühlen, die ich kennengelernt habe, halte ich Dankbarkeit für das gesündeste. Dankbarkeit vertreibt dir die Ängste aus dem Leib.

Du kannst in deinem Leben sehr viel sein und werden, und ich finde, dass der Begriff Dankbarkeit dazu sehr gut passt, aber es gibt nur wenige Dinge, die du machen kannst, auf die deine Mutter auch stolz ist. Und ich weiß, dass ich heute Abend meine Mutter anrufen werde, um ihr nicht nur zu sagen, dass ich Sie, lieber Herman van Veen, getroffen habe, sondern auch, dass ich ein schönes Buch präsentieren und bei der Vernissage Ihrer Ausstellung sein durfte, dann wird meine Mutter stolz darauf sein.«

Während ich ihre herzlichen Worte höre, sehe ich auf dem Revers eines Mannes, der mit den Händen auf dem Rücken das Ganze im Auge behält, einen Anstecker mit dem rot-weißen Wappen von Utrecht. Ein Wappen, das die Barmherzigkeit des Sankt Martin symbolisiert, der als römischer Soldat an einem kalten Tag beim Stadttor von Amiens seinen roten Soldatenmantel mit einem armen halb nackten Bettler teilte. Kurz darauf träumte der Soldat, dass er seinen Mantel mit Jesus geteilt hatte. Überzeugt verließ er daraufhin das Heer, ließ sich taufen und wurde Eremit.

Martinus wurde für sein vorbildliches Leben für heilig erklärt und stand bei den damaligen fränkischen Machthabern in hohem Ansehen. Als die Franken unsere Niederlande eroberten und auch in Utrecht auf dem heutigen Domplatz das ehemalige römische Kastell in Besitz nahmen, erbauten sie dort eine kleine Kirche.

Als der angelsächsische Missionar Sankt Willibrord im siebzehnten Jahrhundert in die Niederlande kam, um sie zu christianisieren, ließ er sich in diesem alten Kastell nieder. Damit begann – was er damals noch nicht wusste – das Zeitalter der Utrechter Kirche. Sankt Martin wurde der Schutzpatron der Stadt, der Region und der Kirche.

Wie um das zu bestätigen, läuten jetzt die Glocken des Doms. Die Bürgermeisterin hat genug geredet. Wir unterhalten uns noch ein bisschen über Gemälde, Konzerte, darüber, wie das Utrechter Stadttheater einmal war, wie es jetzt ist, wie es einmal sein wird, und über den schönen Mantel der Bürgermeisterin.

Das Wort Mantel lässt mich mit den Gedanken abschweifen. Mantel, Kleidungsstück, weite Jacke, Trauerkleidung, Kirchengewand, Wall, Mauer, um eine Stadt, Besatzung, um einen Kamin, uneheliches Kind, Schandfleck.

»Das war damals so. Wijhe, kleines Dorf an der IJssel. Eine Straße, eine Kirche, ein paar Bäume und eine Kornmühle. Ihre Oma wohnte da. Unverheiratet, aber schwanger. Von wem durfte niemand wissen. Das war damals so, wegen der Schande. Ihre Mutter war das Kind. Ein Bastard, ein sogenanntes Mantelkind, weil es mit dem Mantel der Liebe bedeckt war. Das war damals so, wegen der Schande. Als Oma doch die Liebe fand, kam in der Kirche unter dem Brautkleid ihrer Mutter das Kind herausgeschlüpft. Das war damals so, wegen Gott und so, wegen der Schande. In Wijhe, einem kleinen Dorf an der IJssel. Eine Straße, eine Kirche, ein paar Bäume und eine Kornmühle.«

Die oben stehenden Worte schrieb ich für meine Freundin Edith Leerkes. Ihre Mutter war das Mantelkind.

Ein Mantelkind, das diese Bezeichnung dem Mantel

von Sankt Martin zu verdanken hat, ist ein uneheliches Kind. Ein Kind, das ehelich werden kann, wenn die Eltern doch noch heiraten, weil der Bastard dann mit »dem Mantel der Liebe« bedeckt worden ist. In den Niederlanden ist das seit dem Inkrafttreten des Gesetzes über den Adelsstand, das am 1. August 1994 verabschiedet wurde, und dem Wegfallen des unehelichen Status im Jahre 1998 nicht mehr möglich. Kinder von adligen Eltern erhalten nach ihrer Geburt automatisch einen Adelstitel. Warum denke ich jetzt an König Charles und Königin Camilla? Bei unehelichen Kindern wird anders verfahren. Ein solches Kind ist außerhalb einer gesetzmäßigen Ehe geboren und bekommt dann nicht automatisch einen Adelstitel.

Durch nachfolgende Heirat legitimierte Kinder wurden unter dem Mantel auch in der Kirche aufgenommen. Bei Legitimation nahm die Mutter das Kind unter den linken Mantelzipfel, und danach war der Schandfleck der Unehelichkeit verschwunden.

Als ich vom Theater nach Hause komme, fällt mein Blick auf das Foto von meinen Tanten Femmie und Klaasje an der Küchenwand. Auf diesem Foto spazieren sie nebeneinander in ihren Sommerkleidern auf Sandalen und mit ihren Täschchen in den Händen durch die Meppeler Hoofdstraat. Meine Ersatzmütter. Was machte sie so liebenswert? Tante Klaasje legte deinen Löffel so auf deinen Teller, weil sie wusste, dass du auf der rechten Seite warst. Sie fragte, ob du was singen wolltest, weil du das so gerne tatst. Sie tupfte auf deine Knie Essig, nachdem du in die Brennnesseln gestolpert warst. Sie tunkte für dich Apfelsinenscheiben in den Zucker. Sie konnte ihren Mann anschauen wie Maria auf einem Gemälde. Und Tante Femmie? Sie sorgte munter für ihre Familie, bestehend aus Mann, drei Kindern, schweigsamem Opa, Schwester mit Tuberkulose im Hinterhaus und ihrem alkoholabhängigen traurigen Schwager. Und im Sommer hatte sie alle Zeit der Welt für ein blasses Utrechter Jüngelchen, den Sohn vom Bruder ihres Schwagers.

Meine Ersatzmütter. Sie lächeln mir zu ein Leben lang.

*Alles was
bleiben kann geht
und hört nicht auf
vorbeizugehn
da kann man
weiter
nichts dran machen.*

Oma

Mein Vater hatte auch eine Mutter. Als kleines Kind fand ich das komisch. Wir nannten sie Oma.

1955. In Gedanken höre ich die Stimme meines Opas, der auch in Innenräumen sprach, als ob er in einer eisigen Kirche stünde. »Darum fragten sie Pilatus, ob die Beine des gekreuzigten Jesus gebrochen werden durften.« – »Oh, mein Gott, Mannus, jetzt hör aber mal auf damit, den Kindern so lange aus der Bibel vorzulesen. Und falls du doch weitermachen willst, dann lass mich erst das Essen vom Tisch holen, damit ich es aufwärmen kann, wenn du fertig gelesen hast. Die Soße ist schon ganz dick, das Sauerkraut eiskalt, die geräucherte Wurst sieht aus wie, na ja, wie geräucherte Wurst«, murmelte meine Oma.

Ich warf einen vielsagenden Blick auf Opa, den Riesen, nach dem ich benannt war. Harmannus van Veen. Opa erhob sich und fuhr fort wie ein Herold. »Moses nahm den Stab aus dem Heiligtum, so wie es ihm der Herr aufgetragen hatte«, und gab Oma seine Räucherwurst. »Gut, morgen machen wir weiter. Meine Enkelkinder«, sagte er zu dem Baum vorm Fenster, »ihr sollt wissen, wie man mit Gottes Hilfe ein Meer teilen kann. Herre, hilf bitte mal Oma. Und, Junge, später, wenn dein Vater tot ist, kriegst du diese Bibel. Und du sollst deinen Kindern vorlesen. Und wenn du tot bist, soll dein Sohn das tun. Versprochen?«

»Versprochen«, sagte ich, aber ich hatte keine Vorstellung von dem, was ich glaubte. Ich wollte überhaupt nicht, dass mein Vater jemals stirbt. Und was wäre, wenn ich später nur Töchter kriegen würde? Und wen sollte ich überhaupt heiraten? Vielleicht blieb ich ja ein Junggeselle wie Pieter von gegenüber und würde auch ein Seemann werden oder Peter Pan.

Am zweiten Weihnachtstag kamen traditionell Opa und Oma zu uns zum Essen. Es waren Mahlzeiten, die gemütlich anfingen, aber immer in heftige Diskussionen über den Krieg ausarteten. Wer da gut gewesen war und wer schlecht und darüber, dass Gott schon damals nicht existierte. Meine Eltern sahen in allem die Hand eines Allmächtigen.

Meine Eltern hielten nichts von Religion. Wenn Gott existiert hätte, dann hätte es nämlich keine Gaskammern gegeben, sagte mein Vater einmal. »Nicht Gott hat die Kammern gebaut, das waren die Menschen, Jan.« – »Ja, aber Gott machte doch die Menschen, Pa?« Opa schaute seinen Sohn an: »Widersprichst du deinem Vater, Junge?«

Danach war es so still im Zimmer, dass man hören konnte, wie der Kaffee in der Küche durch das als Filter fungierende Klopapier tropfte. »Will jemand noch ein Weihnachtsplätzchen?«, murmelte meine Mutter. »Jungs, warum spielt ihr nicht eine Partie Schach?«, schlug Oma vor.

Als kleiner Junge dachte ich: Gewinnt Opa, dann gibt es Gott, gewinnt mein Vater, dann gibt es ihn nicht.

*Am Anfang war das Wort
und das Wort war bei Gott
und das Wort war Gott.*

Meines Vaters Vater, der Prediger und Handelsreisende in Sachen Parfümerie, war groß, manchmal freundlich, manchmal streng. Ein professioneller Bußetuer. In meinen Kindergedanken sah Opas Gott so aus wie ein Weihnachtsmann mit einem schwarzen Rasputinbart und Augen aus Eis. Meine Mutter nannte Opa christlich hysterisch. Mit Opas Gott verband ich Hölle und Verdammnis, die Drohung, wenn du das nicht tust, dann wirst du in der Hölle schmoren. Aber auch Weihnachtsmärchen, Stille Nacht und Hirten auf dem Feld. Hand in Hand die Grachten entlangzubummeln, nachzusehen, wo in Utrecht Kirchen verschwanden und Friedhöfe blieben. An Mariaplaats, Predikherenkerkhof, Domplein, eine weiße Taube mit Friedenszweig im Schnabel, an den Wilhelminapark, wo wir Kastanien suchten, die zwischen goldgelb gefärbten Blättern versteckt lagen.

Dann erzählte er alles über Bäume, ihre verborgen flüsternden Wurzeln, ihren Stamm, ihre Zweige und Kronen. Und dass Gott das alles erschaffen hätte. Auch alle prächtigen Kastanien, Stück für Stück, eine nach der anderen. Das geht doch gar nicht, dachte ich, all diese Kastanien von einem ganz allein gemacht. In Märchen geht das. Okay. Wenn Gott ein Märchen ist, dann verstehe ich das. Wir hoben sie auf, legten sie auf ein ausgebreitetes blau kariertes Geschirrtuch, und wenn wir genügend gesammelt hatten, dann knüpfte Opa die vier Zipfel zusammen, und wir spazierten mit unserer aufgelesenen Beute nach Hause, vorbei an der Polizeiwache, über die Gracht, vorbei am Gefängnis, die Gasfabrik entlang, über die Brücke, nach rechts, in Richtung Oma. Da putzten wir die Kastanien blank, bis sie wie Türknöpfe glänzten, und machten uns daran, Weihnachtspüppchen zu basteln.

Oma hatte ein Weckglas mit gebrauchten Streichhölzern. Die verwendeten wir als Arme und Beine. Mit einer heißen Stricknadel stachen wir Löcher in die Kastanien, und in die kamen dann die Streichhölzer. Jedes Jahr fabrizierten wir auf diese Weise eine Weihnachtsgeschichte. Einen Baby-Jesus aus Kastanien, eine Maria, einen Esel, einen Joseph, drei Könige aus Kastanien, eine Herde Kastanienschafe und über dem Stall hing ein großer Stern aus einer Kastanie und zusammengeleimten Streichhölzern. Wie eine glitzernde Spinne über dem Dach des Zündhölzer-Stalls. Und wenn wir fertig waren, dann erzählte mir mein Opa die alte Geschichte von Maria und Joseph, den Weisen, die aus dem Morgenland kamen, den Engeln, die sangen, den Hirten und von Herodes, der kleine Kinder totschlug. Dann sangen wir Lieder von Engelchen, die durch die Luft schwebten, die sangen so wunderschön, und wie in der stillen Winternacht der Himmel aufriss und ein Licht von einer strahlenden Kastanie erschien.

Oma konnte sehr schön leise singen, nicht, dass sie das oft machte, aber wenn sie es tat, standen mir Tränen in den Augen. Ihr Lieblingslied war *Siehst du den Namen, der auf den Wolken erscheint, der Himmel und Erde miteinander vereint. Kein Name ist süßer und besser fürs Herz. Er ist Balsam für die Wunden und heilt allen Schmerz.*

Während ich das Lied toll fand, musste ich nachdenken über die schwierigen Wörter. Vereint hat vielleicht etwas mit dem Handballverein zu tun, das süße Herz mit dem Nikolaustag und »Ballsam« mit einem Fußball ...

Opa bekam einen Schlaganfall, durch den seine rechte Hirnhälfte so sehr in Mitleidenschaft gezogen wurde, dass er links halbseitig gelähmt war. Er kam in ein Pflegeheim an der Plompetorengracht in Utrecht. Papa hatte noch gesagt: »Junge, krieg keinen Schreck, wenn du Opas Gesicht siehst, da passt alles nicht mehr richtig zusammen, da sind ein paar Bänder locker. Und er spricht kein Niederländisch mehr, das hat er verloren. Opa spricht jetzt eine Art Französisch.« Ich fand das komisch. »Ja, älter werden und so ein Schlaganfall, das liegt bei uns in der Familie«, murmelte er.

»Herre«, fragte meine Mutter, »erzähl doch noch mal Tante Rico, was im Altersheim passiert ist.« – »Okay. Papa klopfte an die Tür, man hörte ein Poltern. Als die Tür offen war, sahen wir, dass Opa gerade dabei war, jemanden zu ermorden. Papa stürzte in das Zimmer und versuchte, Opas Hände, die er einer Frau um den Hals gelegt hatte, wegzuziehen. Das war nicht einfach. Opa ist ein Riese. Pa zerrte und zog so heftig, dass Opa mit der Frau und allem hintenüberfiel und dabei einen kleinen Tisch mit einer großen Tischlampe umstieß. Das Glas zersprang in tausend Stücke, die Tischlampe war im Eimer.« – »Das ist nicht wahr«, sagte Tante Rico. »Doch, es ist wahr.«

Ich erinnere mich jetzt, wie damals in diesem Altersheim aus dem Nichts alte Menschen um mich herum wie Zombies erschienen – in Schlafanzügen, Bademänteln, einige nackt oder in Pantoffeln. Ich wusste nicht, dass es so viel verschiedene Pimmelarten gab. Ein ganz dicker Mann hatte eine Art Spargelstückchen und ein ganz dünner

Mann einen langen schlaffen mit einer Tülle. Niemand schien erstaunt, niemand unternahm etwas. Das Einzige, was sich bewegte, war die Träne auf der Wange einer schönen alten indonesischen Frau in einem Morgenmantel aus nachtblauer Seide. Neben sie stellte sich ein steinalter Mann mit einer Zahnbürste, die in seinem Mund hing wie eine Zigarette. Mir stockte der Atem. Da kam ein Typ in einem weißen Kittel hereingestürmt, der sich einzumischen begann. In ihm erkannte ich den Mieter, der bei uns gegenüber wohnte, meine Mutter nannte ihn den ewigen Studenten. »Herr van Veen, stopp, stopp!«, schrie er. Es war nicht ganz klar, welchen Herrn van Veen er eigentlich meinte. Es glückte dem Mann, mit Gebrüll die Hände meines Opas loszureißen. Der Kopf der Frau sackte schräg herunter auf ihre Brust, Speichel lief ihr aus dem Mund. Mein Vater hatte inzwischen Opa unter Kontrolle, das Einzige, zu dem mein Großvater noch fähig zu sein schien, war, sich in die Hose zu pinkeln. Ich fragte mich, ob »Urin« im Französischen das Gleiche bedeutet. Gebannt schaute ich auf den langsam größer werdenden Fleck in seiner schlabbrigen Unterhose, während der Mann im weißen Kittel begann, der Frau Erste Hilfe zu leisten. Er kniff ihr die Nase zu und blies ihr in den Mund, drückte abwechselnd auf ihre Brust. Es dauerte ewig, bis Frau de Witt oder Frau de Zwart – wer weiß das noch, in jedem Falle die Direktorin des Altersheims – wieder bei Sinnen war. Während der Reanimierung beschuldigte mein Großvater, jetzt auf Niederländisch mit einem starken französischen Akzent, seinen Sohn des versuchten Vatermordes. »Du sollst Vater und Mutter ehren«, schnauzte er mit Schaum vorm Mund meinen sichtbar betroffenen Vater an. Eine

Frau legte eine Hand auf meinen Arm. »Komm, junger Mann, wir gehen nach draußen auf den Flur.« Während sie die Tür hinter sich schloss und ich meinen Opa über Gottes Strafe schreien hörte, dachte ich noch an den Spruch, den mein Vater en passant gesagt hatte: »Es liegt in der Familie.«

Bei leichten Kopfschmerzen denke ich bereits: Nun ist es so weit! Jetzt bin ich dran, aber nein, offensichtlich stehe ich noch irgendwo hinten in der Reihe, immer wieder drängt sich einer vor.

Nachdem meine Oma von meinem Vater hörte, dass Opa tot war, knüpfte sie ihre Haare auf. Als Zeichen der Trauer, wie ich später erfuhr. Lang und silbern glitt ihr Haar über ihre Schultern. Sie hatte es immer in einem Dutt vor uns versteckt gehalten. Sie sah aus wie ein achtzigjähriges Mädchen, dem etwas aus ihrem Kopf geflogen war. In der Stille, die eintrat, konnte ich von der anderen Straßenseite im Radio die Everly Brothers hören:

Bye bye love
Bye bye happiness
Hello loneliness
I think I'm gonna cry
Bye bye love
Bye bye sweet caress
Hello emptiness
I feel like I could die
Bye bye my love goodbye

In früheren Jahrhunderten wurden Tod und Begräbnis mit viel mehr äußerlichem Aufwand begangen als in dieser Laptopzeit. Der Tod wird heutzutage immer mehr in den Hintergrund gedrängt. Wenn man nicht gerade in seinem eigenen Umfeld von einem Todesfall betroffen ist, merkt man kaum etwas von der Trauer des anderen. In der Kutschenzeit signalisierte man die Anteilnahme in einem Todesfall mit einem Trauerflor. Die Ränder der Hüte wurden umgeschlagen, wie Onkel Henk es mit seinen Krepppapier-Kragen gemacht hatte. Der Trauerfrack, der unter dem Mantel getragen wurde, hatte im achtzehnten Jahrhundert Manschetten aus breitem weißen Leinen, sogenannte Pleureusen. Dieses Wort stammt vom französischen Verb »pleurer«, das wehklagen/weinen/schreien bedeutet. In unserer Zeit ist davon nur noch das niederländische »pleur op« übrig geblieben (auf Deutsch: »Verpiss dich«).

In meiner Jugend lagen dicke Modebücher in den Buchläden mit Beschreibungen und Abbildungen von Trauerkleidung, aus denen man sich je nach Vermögen und Stand etwas aussuchen konnte. Man dachte damals, dass der Geist eines toten Menschen dem lebenden nicht sehr gewogen war. Man musste also dafür sorgen, dass der Geist den Weg zu seiner eigenen Adresse nicht wiederfinden konnte. Darum machte man sich unkenntlich, indem man Schmuckstücke abnahm und schwarze Gewänder anzog, Fensterläden und Jalousien des Hauses schloss, Gardinen zuzog, die Spiegel im Haus umdrehte, damit die Seele des Toten den Spiegel nicht beschädigen würde. In meinen jungen Jahren war Trauer ein Mittel, um den scheidenden Geist zu verscheuchen.

Damals wurde auf Hochzeiten schon das Totenhemd bereitgelegt. Es gehörte neben den Handtüchern, Tischtüchern, Bettdecken, Waschlappen etc. zur festgelegten Mitgift. Dafür gab es Regeln. Lang lebe Google.

Das Totenhemd wurde gekennzeichnet mit den Anfangsbuchstaben der Vornamen und nicht mit dem Familiennamen. Wenn der Name begraben würde, würde das Geschlecht, der Nachname aussterben. Und wer wollte schon, dass sein Geschlecht ausstirbt?

Außerdem gab es das Angebot, schon von Geburt an für die mit dem Tod verbundenen Kosten zu sparen. Die »Totenspardose« oder die »Sterbekasse« sind Vorläufer der späteren Sterbegeldversicherung.

Der »Fondsbauer« beziehungsweise Fondsbote kam auch regelmäßig zu uns in die Kievitdwarsstraat, um den Beitrag in Höhe von anderthalb oder zweieinhalb Cent abzuholen. Ein solcher Todesgast war ein wichtiger Mann in jenen Tagen.

Es gab eine Zeit, da war es in manchen Ländern auch noch üblich, dass man als Frau, deren Mann gestorben war, in Gefahr war, mit ihm verbrannt zu werden. Noch 1826 musste die englische Regierung in Indien die »Witwenverbrennung«, das gemeinsame Verbrennen der Ehefrau mit ihrem verstorbenen Mann, verbieten. Wahrscheinlich fürchtete man die Rache der Seele des Toten.

Omas offenes Haar als Zeichen der Trauer war damals, wie Nylonstrümpfe mit einer Naht, in Mode. Ihre Mutter musste es beim Tod ihres Ehemannes noch abschneiden. Das Abschneiden des Haares durch die Witwe oder durch andere Hinterbliebene kommt bei vielen Völkern vor. Bei einigen indischen Völkern war es allgemein verbreitet, dass sich Männer als Zeichen der Trauer einen Bart wachsen ließen.

Wenn ich später alt bin, will ich die Türen halb offen und die Gardinen ganz offen haben. Will in einem Zimmer sein mit hoher Decke und Blumen auf dem Vorhang und einem Bett für drei Personen. Einen bequemen Stuhl mit Blick auf die Vögel, Kinderstimmen im Garten. Den Wind vom Meer. Musikfetzen von Gitarren und gegen 17 Uhr ein Gläschen jungen Jenever. Einen nagelneuen Tag, der nach Kaffee riecht, Brot, Narzissen. Eine Stimme, die hin und wieder sagt: Du kannst mich nicht, du kannst mich noch nicht vermissen.

Als Oma groß war (also Großmutter war), war sie klein, still, meistens unauffällig beschäftigt mit einem Tuch, einem Büschel Federn, einem Mopp. Sie machte alles seufzend. Sie schwebte, sie glitt wie russische Tänzerinnen vom Wohnzimmer zum Schlafzimmer, zur Küche.

Jeden Mittwochmittag ging ich oder floh ich zu ihr, um bei ihr nach der Schule ein bisschen vornehm Tee zu trinken. Dann quatschten wir über die sprichwörtlichen Hölzchen und Stöckchen. Spielten Domino, oft so lange, dass sie eindöste. Und dann schnarchte sie leise mit halb offenem Mund, ein Geräusch, das mich an eine Mischung aus dem Schnurren einer Katze und dem Gurren einer Taube erinnerte. Ich dachte an das zärtliche Schnarchen, als ich neulich meiner Frau während des Schlafens in die Nase kniff, wodurch sie sich auf die Seite legte und mit ihren lieben, mich vom Schlafen abhaltenden Nachtgeräuschen aufhörte.

Oma van Veen-Otter glich einer Illustration aus dem Märchen »Die Frau von Stavoren«. Eine Witwe, als ihr

Mann noch lebte. Opa und Oma van Veen wohnten schräg gegenüber von uns, dreißig große Schritte entfernt. Am ersten Weihnachtstag gingen wir, wie gesagt, zum Essen zu ihnen, am zweiten Weihnachtstag kamen sie zu uns, und dann erzählte Opa immer wieder, wie Maria und Joseph von Herberge zu Herberge zogen und es nirgendwo einen Platz für sie gab. Ganz schön unbarmherzig von all den Herbergsbesitzern, aber was soll's, es war auch vor zweitausend Jahren, das darf man nicht vergessen. So etwas kommt jetzt zum Glück nicht mehr vor. Und dann begannen wir mit dem Essen, denn dann war es erlaubt. Dann aßen wir das verschwundene Kaninchen, das ich jedes Jahr wieder am Nikolaustag bekam und das dann Weihnachten Truthahn genannt wurde. Später sangen wir Lieder von einem Kind im Stroh, das Jesus Christus hieß. Diesen Namen hörte man den Rest des Jahres nur noch, wenn Vater sich mit dem Hammer auf seinen Fingernagel schlug.

Der Tag war lang, die Nacht ist schön. Ich bleibe stehen, schau nach den Sternen und flüstere: Amen.

Amen, wie es einmal meine Oma machte. Dankbar, wie sie war für jede Scheibe Brot, jede Schokostreusel, jedes gestärkte Bettlaken, für die Pfannen auf dem Dach, die Fußmatte vor der Tür, die Teppichstangen auf der Treppe, den Jesus am Kreuz, die Predigten ihres Mannes, die Kinder im Haus, die Apfelbäume im Garten, für das Ticken der Uhr. Die Mutter meines Vaters war für mich eine Fluchtburg. Bei ihr konnte ich mich verstecken, traurig sein, mich über meine gestrickte Badehose beschweren und darüber, dass ich Rechnen bescheuert fand, dass ich lächerlich früh ins Bett musste, dass ich Angst vor Gott hatte, weil er alles sah, sogar die Bremsspur in meiner Unterhose, ich konnte über Mädchen reden, in die ich mich verliebt hatte, über Bücher wie die Wildwest-Serie *Arendsoog* und *Pim Pandoer,* über den Umzug und den Zirkus, darüber, dass ich nie ein Tor machte, aber mit dem Ball sehr schnell war, ich konnte sie fragen: Woher kommt die Farbe? Und der Wind? Sie sagte nie: Von Gott. Sie erklärte mir mit Bierdeckeln, wie das funktionierte, die Sonne, die Erde, der Mond. Viele meiner Antworten in der Schule stammten von ihr.

Ich lese in der Zeitung die Fragen: Was nun? Wie lange noch Corona? Noch ein Lockdown? Noch mehr Querdenker? Schreihälse? Noch mehr Menschen mit einer Meinung? Noch mehr Typen, die davon ausgehen zu wissen, was sie tun oder den anderen mehr vertrauen als sich? Katar? Doch Gas/kein Gas? Sozialmissbrauch? Stickstoffbiomasse? Russland beginnt einen Angriffskrieg in der Ukraine. China, Ungarn, Polen, Aufstände in Kasachstan? Krebs? Hunger? Das Wissen von heute, das Wissen von damals. Doch zu kleinen Kernkraftwerken übergehen oder das Königshaus abschaffen?

»Wenn man alle aktuellen Fragen hintereinanderreiht«, sagt die Schriftstellerin Hanya Yanagihara, »Klima, Milieu, Nahrung, Wasser, Demokratie, Desinformation usw., dann befinden wir uns offensichtlich in einem entscheidenden Moment in der Geschichte.«

Wer kann das sagen? So viele Fragen. Wer weiß die Antworten? Wer kann mir sagen, wo ich meine Oma finde?

*Stell es dir vor
und es existiert.*

Avatar

Vor 530 Millionen Jahren entstanden die ersten Fische. Vor 370 Millionen Jahren die ersten Wirbeltiere. Vor 210 Millionen Jahren die Säugetiere. Vor 130 Millionen Jahren blühte die erste Blume. Vor 66 Millionen Jahren starben die Dinosaurier durch einen Meteoreinschlag aus. Vor dreihunderttausend Jahren richtete sich der erste Mensch auf. Morgen der Avatar.

Ich sah neulich einen Typen im Fernsehen, der von einer Zeit in der fernen Zukunft sprach. Es leben dann keine Menschen mehr auf der Welt, aber ihre selbst denkenden Fabriken, Häuser und Sachen, die gibt es noch. Roboter tun, was ihnen seit Robotergedenken aufgetragen ist. Putzen, gärtnern, buchhalten, kochen. In einem der leeren Häuser singt jeden Abend ein Roboter vor dem Schlafengehen noch ein kleines Lied für ein kleines Kind. Ein Kind, das es nicht mehr gibt, wie man an seinem Skelett sieht.

Laut dem Wissenschaftsphilosophen Thomas S. Kuhn (1922 – 1996) hat KI (künstliche Intelligenz) ihre Existenz *deep learning* zu verdanken, einem Prozess, der durch künstliche neuronale Netzwerke möglich gemacht wurde. Dass Maschinen Dinge schneller als Menschen können, wussten wir schon länger.

Bei *deep learning* geht es darum, dass die Maschine während der Verarbeitung von Daten lernen und gleichzeitig eigene Fehler korrigieren kann, eine Fertigkeit, die sie mit dem menschlichen Denken teilt und die darum künstliche Intelligenz genannt wird. Kuhn warnt uns, dass diese Maschine den Menschen überflüssig machen wird, aber er glaubt auch, dass die Maschine den Menschen niemals völlig ersetzen kann. Sein »glauben« ist für mich ein Grund zur Sorge. Ich mach den Fernseher aus. Greife nach *Pulcinella,* einem Buch von Hetty Paërl über die Commedia dell'Arte. Auf Seite 58 schlafe ich ein und träume.

Saallicht aus, Vorhang auf, ein nackter schwarzer Mann tritt auf. Er trägt einen Zylinder ohne Rand, aus dem zaubert er ein Huhn. Er isst es zur Musik von Pergolesi mit Federn, Kamm und Füßen. Sein Bauch schwillt. Er legt ein Ei. Aus diesem Ei brütet er einen weißen Mann. Die beiden Männer beginnen, sich zu lieben, bis sie eine Frau sind. Das Publikum springt auf, jubelt. Der Vorhang geht zu, das Saallicht an. So etwas habe ich noch nie gesehen.

Träume tragen keine Masken. Sie sind wie Bildflüsse. Ich träume in der Nacht nach diesem Traum so einen Strom. Ich bin in einem kolossalen Irrenhaus. Weiß nicht genau, ist es New York, Abu Dhabi oder Hongkong. Menschen gehen umher, die ihre Köpfe um dreihundertsechzig Grad drehen können. Einige haben aneinandergenähte Lippen. Wieder andere einen Reißverschluss unter ihrer Nase und Menschenaugen mit, wie gesagt, aneinandergenähten Lippen. Und Augen aus silbernen Reichstalern. Ich begrüße einen Mann mit einer Stirn aus Glas, hinter der Goldfische schwimmen, spielende Kinder ohne Beine rollen auf hohen Rädern vorbei. Es beginnt zu gießen. Eine Frau, die neben mir geht, schaut auf ihr Smartphone, klickt auf die Wetterapp und sagt zu sich: »Tatsächlich, es gießt!« Sie macht ein Selfie und sendet es.

In der Zukunft kann man, anders als jetzt mit Fotos auf dem Klavier oder kleinen Filmen, seine Mutter in einer Pappschachtel aufbewahren als Avatar. Ein Avatar ist eine Erscheinungsform von jemandem in einer virtuellen Realität.

Künstliche Intelligenz nistet sich immer tiefer in unsere Existenz ein. Gesichts- und Spracherkennung auf dem Telefon sind schon ganz normal. In unserer Firma arbeitet ein Zwilling. Die beiden Geschwister können darüber manche Anekdote erzählen. Wie oft mussten sie schon an irgendeiner Grenze erklären: »Nein, ich bin nicht mein Bruder, nein, ich bin nicht meine Schwester.« Selbstfahrende Autos fahren fast automatisch aus ihren Garagen. Aber KI ist inzwischen weiter. Intelligente Roboter werden selber so »klug«, dass sie von einigen als die größte Bedrohung der Menschen angesehen werden. Was geschieht, wenn die Systeme klüger werden, als wir es sind? Was geschieht, wenn Pinocchio ein Schreiner wird?

Die erfolgreichsten neuralen Netzwerke haben jetzt schon 175 Milliarden Neuronen, und es werden jedes Jahr zehnmal so viel. In diesem Tempo wird KI, jedenfalls an Vielschichtigkeit, unser Gehirn in drei Jahren überholen. Ist KI denn auch wirklich klüger als wir? Das wahrscheinlich noch nicht, aber die Chance, dass das passiert, wird jedes Jahr größer, so Otto Barten, der Direktor des Existential Risk Observatory 2013 in der Zeitung *De Telegraaf*.

Irgendwann wird KI wahrscheinlich alle denkbaren Aufgaben besser erledigen können als wir. Sie kann dann wissenschaftliche Entdeckungen machen, ohne dass sich Menschen einmischen. KI entwickelt dann zum Beispiel die nächste Computer-Generation – noch schnellere Hardware, noch bessere Software –, und die nächste KI-Generation ist infolgedessen auch wieder klüger. So kreiert Technologie, lese ich, was man einen »positiven Feedback-Verlauf« nennt: KI sorgt folglich selber für eine klügere KI. Eine KI, die beginnt, Darwin zu begreifen und dann alles Weitere. Niemand weiß genau, wo diese Entwicklung einmal enden wird. Aber die Epoche des Menschen als klügstem und damit mächtigstem Bewohner der Erde ist, angesichts dieses Hintergrundes, noch nicht gelaufen. Kontrolle über eine superintelligente KI ist daher künftig von lebenswichtiger Bedeutung für uns und unsere Avatare.

Eines Tages sagte der Mensch: Lasst uns Menschen machen, die unser Ebenbild sind, die uns gleichen. Sie müssen über die Fische des Meeres und die Vögel des Himmels herrschen, über das Vieh, über die ganze Erde und über all das, was darauf fleucht und kreucht. Und der Mensch schuf den Menschen nach seinem Ebenbild, als Ebenbild von sich schuf er ihn, männlich und weiblich schuf er den Menschen.

Und der Mensch sah sich an, was er gemacht hatte, und sah, dass es gut war. Es wurde Abend und es wurde Morgen.

Wie altmodisch liest sich die Geschichte, die ich vor ungefähr zehn Jahren über den Witwer Piet geschrieben hatte.

Piet hat auf seine alten Tage eine Monika gekauft, eine Liebespuppe aus einem digitalen Sexshop. Sie ist wie Wachs, aus medizinischem Silikon. Nachtschwarzes Haar,

Engelsgesicht, Pflaumenmund. Sie trägt – das war im Angebot mit enthalten – transparente tiefrote Reizwäsche. Monika hat blaue Augen, apfelrunde Pobacken, Brüste. Ihre Vagina, so steht es auf dem Beipackzettel, ist achtzehn Zentimeter tief. Das Mädchen hat Schamhaar aus Pferdeschwänzen. Es ist leicht abnehmbar und kann nach Gebrauch zu den Tassen, Schüsseln, Messern und Gabeln in den Abwasch.

Es ist nicht unwahrscheinlich, dass wir demnächst auch in einer virtuellen Umgebung leben können, mit virtuellen Partnern: Väter, Mütter, Kinder, Freunde, Mieter. Kein Ferienhäuschen in Frankreich, sondern eine virtuelle Hütte, wo auch immer.

Online shoppen, gamen und konferieren, soziale Medien gebrauchen: Wir können irgendwann alles, ohne im Flughafen Schlange zu stehen, ganz praktisch in einem von uns erschaffenen virtuellen Universum tun.

Man macht, wie ich verstanden habe, mit einer VR-Kamera 360-Grad-Bilder von seiner gewünschten virtuellen Umgebung. Bali, Südafrika, Irland, Texel, ein Haus, eine Stadt, eine Weide, Venedig. Du setzt deine VR-Brille auf und verschmilzt in der von dir gefilmten Welt, wenn du es möchtest mit Menschen von den Kanarischen Inseln, die sich physisch irgendwo anders befinden und in deinem Guckkasten zusammenkommen können, zeitlos.

Wieder mit deiner Mutter zu C&A gehen, um Hosen anzuprobieren. Eis essen im Eiscafé Venezia, zum Zahnarzt gehen. Auf ihrem Schoß sitzen und sie das Märchen vom Heinzelmännchen Piggelmee erzählen hören. Ihre Hände über deinen Händen fühlen. Ihre Küsschen auf die

Stirn. Ihren Tritt in deinen Hintern, das Ziehen an deinen Ohrläppchen. So echt wie in deinen Erinnerungen.

Hoffe ich, dass ich das noch erleben kann? Ich starre eine Zeit lang auf die Heizung. Möchte ich ein Hundertjähriger sein?

Jemand erzählte mir neulich, dass es Rotbarscharten gibt, die extrem alt werden können. Die Gene dieser Fische können Hinweise darauf liefern, wie zum Beispiel auch ich wesentlich länger leben könnte.

In meinen jungen Jahren ging ich gerne mit meinem Vater zum Fischen. Das hieß: vier Uhr nachts aufstehen, der Sonne entgegen, um mit dem Fahrrad zu den Maarsseveense Plassen oder zum Woerdense Verlaat zu fahren. Manchmal fingen wir einen Barsch. Eine wahre Delikatesse. Er hat festes Fleisch, wenige, leicht zu entfernende Gräten. Ein erwachsener Barsch kam nie zurück ins Wasser, sondern immer in einem nassen Geschirrtuch in der Fahrradtasche mit nach Hause, um dort von meinem Vater mit großem Vergnügen gedünstet, geschmort, gebacken, gekocht oder geräuchert zu werden. Salz und Pfeffer setzten den Schlusspunkt. Dass ich mich jetzt mit siebenundsiebzig Jahren so fühle, wie ich mich fühle, liegt vielleicht daran, dass wir bei uns zu Hause oft Rotbarsch aßen. Aber reicht das schon?

Einst war das ewige Leben die Domäne von Zauberern, Fantasten und Alchemisten, aber heutzutage suchen auch seriöse Wissenschaftler nach Methoden, das menschliche Leben überhaupt nicht enden zu lassen oder zumindest später. Die Suche führte eine Gruppe Biologen an der Universität von Kalifornien zu einer Gattung von Rotbarschen im Pazifischen Ozean. Von diesen Rotbarschen sterben einige Arten schon mit ungefähr elf Jahren, während andere das respektable Alter von zweihundert Jahren erreichen. Rohit Kolora und seine Kollegen wollten wissen: Wo liegen die genetischen Unterschiede?

Die wissenschaftlichen Fischer gingen gründlich zu Werke: von nicht weniger als 88 Rotbarschsorten, lang- und kurzlebigen, kartierten sie die komplette DNA-Reihenfolge. Die Ergebnisse dieser umfangreichen Untersuchung erschienen vor Kurzem in der wissenschaftlichen Zeitschrift *Science*.

Die langlebigen Fische scheinen in ihren geschmeidigen Körpern alle möglichen genetischen Geheimnisse bei sich zu tragen. So haben sie bestimmte Gene, die beim Reparieren der DNA helfen, wenn an den Molekülen Schäden auftreten. Davon hätte ich auch gern ein paar, denke ich mir.

Diese Gene sind bei den langlebigen Arten im Laufe der Jahrhunderte kaum verändert, ein Zeichen dafür, dass sie für diese Fische von großem Nutzen sind. Sie sind vor allem hilfreich bei einem Leben in Knappheit. Die Gene können die Fische dazu stimulieren, ihre Zellen und Gewebe besonders gut instand zu halten. Das führt wiederum dazu, dass sie länger am Leben bleiben. Auch verfügen die Hundertjährigen unter den Fischen über einen größeren Vorrat an Butyrophilinen: einer Genfamilie, die unnötige Entzündungen bekämpft, die im höheren Alter auftreten können. Insgesamt fanden die Forscher 137 Gene, die mit der Lebensdauer zusammenhängen. Laut einem Kommentar in *Science* können Menschen aus diesen Erkenntnissen Nutzen ziehen. »Menschen leben länger als die meisten Wirbeltiere, aber langlebige Rotbarsche können dem Menschen Strategien zur Verbesserung liefern«, lassen uns J. Yuyang Lu und zwei Kollegen von der Universität von Rochester (USA) wissen.

Jan Hoeijmakers, Professor für Molekulargenetik an der Erasmus-Klinik in Rotterdam, ist vorsichtiger, wie ich in einem Artikel von Maartje Bakker las. »Man darf nicht vergessen, dass nur Korrelationen zwischen bestimmten Genen und der Lebensdauer gefunden wurden und noch keine kausalen Zusammenhänge«, sagt er. In den Augen von Hoeijmakers trägt die neue Studie zu der wachsenden Menge von Beweisen dafür bei, dass DNA-Reparatur eine bedeutende Rolle bei der Verlangsamung des Alterns spielt. »Als wir das einst als Erste publizierten, nach einem Versuch an Mäusen, wurden wir ausgelacht«, erinnert er sich. »Aber mittlerweile wird diese Idee allgemein akzeptiert.«

Eine andere Idee. Vielleicht können wir uns einmal aus dem Körper holen. Unsere Persönlichkeit, unser Gedächtnis, unsere Gedanken uploaden in einen anderen Körper. In wessen Leib würde man am liebsten wohnen?

Ich fahre von zu Hause zum Landgut De Paltz. De Paltz ist der Ort, wo ich gerne arbeite. Meine Partnerin in Sachen Musik und anverwandten Sachen Edith Leerkes und ich haben da ein Kunstzentrum. Ein Ort in der Natur, wo wir alte und junge Talente in den Künsten für ein kleines Publikum zusammenbringen, das Sinn dafür hat. Ich passiere den renommierten technischen Reparaturbetrieb Van den Broek & Sohn und denke, da steht in der Zukunft wahrscheinlich »DNA-Reparaturbetrieb Doormans & Doormans«.

In der weißen Villa auf der Paltz ist Annet eifrig mit einem Staubsauger zu Gange. Ich fliehe hinter das Piano in meinem Arbeitszimmer und spiele, dass ich fantasiere.

In meinen Gedanken steht meine Robotermama mutterseelenallein, ohne es zu wissen, neben dem Staubsauger im Küchenschrank und wartet nur auf den Moment, in dem sie vermisst wird. Ich habe den Prototyp meiner Mutter über einen Internetshop in den USA bei Boston Dynamics gekauft. Und zwar nachdem ich ein Promovideo auf TikTok sah, in dem ein als Cher verkleidetes Model ihre geschmeidigen Bewegungen machte. Ich habe danach Madame Tussaud vom Wachsfigurenkabinett Fotos und einen kleinen Film von meiner Mutter geschickt, damit sie Mamas Äußeres nachbauen konnte. Das ist Madame Tussaud verblüffend gut geglückt. Unsere funktionierende fünfzigjährige Mama-Drohne ist vom alten realen Modell kaum zu unterscheiden. Sie ist das ideale Mutterinstrument, direkt aus der Zukunft. Sie macht das, was sie früher so gern machte, fast besser. Alle sind froh, meine Kinder, die Enkel, die Nachbarn, der Supermarkt HEMA, der Markt am Samstag, die Kreuzworträtsel, die Wollknäuel, die Schokoküsse, die Kaffeemühle. Und doch bringt es nichts. Mein Mama-Avatar ist seelenlos. Er kennt keine innere Notwendigkeit. In seinen Augen mag vielleicht ein kleines Licht brennen, aber meine Mutter ist nicht in ihrem Haus.

*Meine Mutter sagte
höre niemals
auf einen guten Rat
es sei denn
er kommt von
mir.*

Der Mutterbaum

Die ersten Bären, von denen ich jemals hörte, waren Bären, die nicht aus Gummi waren, aber Gummibärchen hießen. Danach bekam ich von meiner Oma eine süße Teddybärenmutter, mit der ich schmusen, in die ich weinen und die ich mit ins Bett nehmen konnte. Oma nahm allerdings ihre Glasaugen heraus, um zu vermeiden, dass ich sie rauskratze und runterschlucke. Wer möchte denn schon so ein Auge im Bauch haben, das von innen alles sieht? Den ersten echten Bären sah ich auf der Kirmes. Er saß traurig an einer rostigen Kette und blickte um sich. Es gibt, wie ich von Fräulein Langhout aus Java in der Schule lernte, alle möglichen Bären. Den schwarzen und den braunen Bären, den Lippenbären, den Brillenbären und den Panda und dann natürlich noch die menschliche Sorte: den weitverbreiteten Brummbären. Man sieht ihn im Fernsehen und begegnet ihm, falls man mal hinkommt, in Altersheimen und Regierungsgebäuden. Alle echten Bären sind eigentlich Raubtiere, aber sie sehen nicht so aus. Vor allem nicht, wenn sie noch klein sind. Dann möchte man sie mit nach Hause nehmen und knuddeln. Bären sind, wie der Fachausdruck lautet, Sohlengänger. Sie können eine Zeit lang schrecklich schnell laufen, vor allem wenn sie etwas Leckerem hinterherrennen oder -schwimmen.

Meine erste Geschichte schrieb ich für das *Land van Ooit*, ein Märchenland, wo Kinder die Chefs waren, und das für immer verschwunden ist, wonach es ein wirkliches Märchen wurde. Die Erzählung handelte von Kindern in einem abscheulichen Waisenhaus mit einer noch fürchterlicheren Direktorin und einem großen Bären aus Sternen, der alle Probleme der Kinder mit einem fantastischen Zauberschlag löste. Danach erfand ich eine Bären-Show fürs Fernsehen, um die Brummbären da aufzulockern. Kurz danach schrieb ich noch ein Liederprogramm für den World Nature Fund mit dem Titel: »In allen Liedern vom Bären geht es um Honig«. Während ich diese Vorstellung konzipierte, entdeckte ich, dass Bären überhaupt keinen Honig essen, und wenn, dann nur aus Versehen. Zu spät. Die CD lag schon in den Läden. Jetzt muss ich immer wieder erklären, dass ich mich geirrt hatte.

Ich brachte auch noch eine Zeitschrift raus, aber die ging pleite. Auch in den Geschichten vom Entenwaisenkind Alfred Jodocus Kwak kommt ein wichtiger Bär vor. Nämlich Professor Paljas von Pinguïn, ein Bär, der fast genauso viel weiß wie Google, wenn nicht mehr.

Ich sang einmal ein Bärenlied mit Worten von meinem alten Freund Theo Olthuis. Es ist ein trauriges Lied, das »Küsschen« heißt und von einem Schmusebären handelt, der verschwand: »Es ist etwas passiert: Meine Mutter ist verschwunden. Eine fremde Tante schmust jetzt mit Vater rum, sie macht das Essen und bringt mich abends singend ins Bett, ich muss ihr dann ein Küsschen geben. Bär, wo bist du? Bär, komm her, leg die Pfötchen fest um mich, brumm was Liebes! Gleich muss ich ins Bett und, wenn das Licht ausgeht, ein Küsschen geben.

Ich kipple mit dem Stuhl, es klirrt in der Küche. Wenn ich dürfte, dann lief ich ganz weit weg. Die Uhr schiebt den großen Zeiger langsam auf halb acht, meine Hände kleben. Bär, wo bist du? Bär, komm her, leg die Pfötchen fest um mich, brumm was Liebes! Gleich muss ich ins Bett und, wenn das Licht ausgeht, ein Küsschen geben ...«

Und ja, dann gibt es noch einen Eisbären. Ich schrieb zusammen mit der Schriftstellerin Eva Schuurman das Kinderbuch *Benjamin der Bär,* über eine Eisbärenfamilie, die lange und glücklich auf dem Eis lebte.

»Ein Himbäreis? Hmmm lecker!« – »Ein Bärenmädchen!« – »Hey, warte, nicht weggehen!«, rief er im Traum. Als der Frühling kam und Benjamin IJsbrand Bär aufwachte, ging er kurz danach zum Wasser, um vorsichtig, ganz vorsichtig Fische zu fangen. Und da, da ... am Ufer, unter hängenden Zweigen, sah er – und das war seltsam – das gleiche allerliebste braune Bärenmädchen aus seinen Träumen, in echt. Er wusste nicht, was er tun, was er sagen sollte, wollte weggehen, kam wieder zurück, wollte wieder weggehen, kam wieder zurück und rief: »Hallo! Warte! Nicht erschrecken. Ich bin b-b-bin ... ich b-b-bin. Ich b-b-b-Benjamin. B... B... Benjamin. Und wie heißt du?« – »Anna.« – »Wohnst du hier?« – »Komisch. Ich dachte, dass dies der Wald ohne Bären wäre.« – »Das stimmt auch.« – »Aber du bist hier.« – »Du bist hier auch.« – »Ich bin gekommen, um hier mit meiner Mutter zu leben.« – »Ist sie auch so weiß?« – »Ja. Und deine?« – »Ich wohne hier mit meinem Vater.« – »Ist der weiß?« – »Nein, braun. Sonst wäre er doch nicht mein Vater.« – »Oh. Warum wohnt ihr denn nicht auf dem Eis, wenn ich fragen darf?« – »Das ist eine lange Geschichte.« – »Und?« – »Mein Vater fand, dass es in dem Wald durch die braunen Bären mit all den weißen Bären zu voll wurde«, sagte Anna. Sie imitierte sehr witzig ihren Vater: »Total verrückt. Das werd ich noch von all den Vorschriften. Total verrückt.«

Stell dir vor, dass du das bist, der weiße Bär auf der Eisscholle. Mit deinen Pfoten vor dem Kopf. Stell dir vor, dass du das bist, das Kalb in der Masthalle. Dass du das bist, der schreit. Stell dir vor, dass du das bist, der da liegt, unter den Trümmern, mit der Granate im Bauch. Stell dir vor, dass du zu den Blumen in der Vase summst und plötzlich auf dem Fenster in deinem Blut klebst. Stell dir vor, dass du das bist, der Baum am Weg mit der Kettensäge im Rücken.

Die Elfen nennen sie den Muttervater des Waldes. »Diese Buche ist«, sagt Lieke, unsere Waldführerin für heute, »einheimisch, weil die Äste männliche und weibliche Blüten tragen. So eine Mannfrau wie diese kann beinahe vierhundert Jahre alt werden.« Stell dir vor, in seiner Jugend führte Napoleon Bonaparte noch Krieg gegen die Russen und den Rest von Europa. Da lebten noch Götter wie Johann Sebastian Bach, Johann Wolfgang von Goethe, Georg Friedrich Händel, Joseph Haydn, Ludwig van Beethoven, Wolfgang Amadeus Mozart, Jean-Jacques Rousseau, Voltaire.

»Wenn man 150 Jahre nebeneinandersteht«, zitiert Lieke die Worte der Schriftstellerin Bibi Dumon Tak, »entwickelt sich eine Beziehung. Es gibt nur wenig Bäume, die nur männlich oder nur weiblich sind. Viele Bäume sind beides. Eine Buche zum Beispiel – und dieser zig Meter hohe Riese.«

Dort, wo unsere weiße Villa auf dem Landgut de Paltz steht, stand früher neben diesem Koloss noch eine Buche. Diese musste gefällt werden, um Platz zu machen für die Villa, die beiden Bäume waren Freunde fürs Leben. Ihre Wurzeln waren verflochten wie Geliebte auf einer Matratze. Auch das hatten die sogenannten Elfen Lieke erzählt.

Es war vor ungefähr hundertsechzig Jahren zu Pfingsten, sie kamen mit Zugpferden, Wagen und Tauen, Fackeln, Äxten usw. Das war in dem Jahr, in dem Multatuli sein Buch *Max Havelaar* veröffentlichte und in dem der russische Schriftsteller Tschechow und sein Kollege, der Niederländer Frederik van Eeden, geboren wurden. Innerhalb eines Tages lag der Baum auf dem Boden. Der Stamm abtransportbereit, gebrauchsfertig für die Schreinerei, um daraus Treppenstufen oder Schränke zu sägen. Die dickeren Äste ordentlich zersägt und als Holzscheite für den Kamin gestapelt. Die kleineren hatten sie in einem hoch auflodernden Freudenfeuer verbrannt. Einer der Holzhacker hatte noch gefragt, nachdem er versehentlich mit einer messerscharfen Axt seinen Zeigefinger abgehackt hatte: »Kennen Bäume eigentlich Phantomschmerz?« Ein anderer: »Was ist das?« Das Schmerzgefühl in einem Arm, Bein oder einer Nase nach einer Amputation. Der Älteste von ihnen brummte: »Bäume fühlen das anders als wir.« – »Nicht weniger oder schlimmer?«, hatte ein anderer gefragt. Keine Ahnung.

Eine verkleidete Elfe, die so tat, als wäre sie eine junge Frau, war vom Rauch der verbrannten Zweige angezogen worden und hatte ungefragt den Männern erzählt: »Für unsere Ohren nicht zu hören, reden Bäume mit ihren Wurzeln miteinander. Ihre Stimmen reichen weit. Dafür gebrauchen sie, wie Menschen Smartphones, unterirdische Schimmelsporen.« Sie hatte traurig dreingeschaut, als sie sagte: »Wer warnt diesen Baum, wenn ein Feind kommt? In wessen Schatten kann er sich stellen, um keinen Sonnenbrand zu kriegen, wenn kein Baum mehr neben ihm steht? Und wer bietet ihm Schutz vor dem Wind?« Die Männer hatten sich angeschaut und verächtlich gelacht. »Muss die jetzt auch weg?«, hatte die Elfe gefragt und dabei auf die andere Buche gezeigt. »Nein, die darf stehen bleiben. Das neue Herrenhaus kommt hierhin, hier bei diesem Baumstumpf.« Die Elfe kniete sich nieder, legte ihre Hand auf den Boden und sang ein trauriges Elfenlied, und niemand konnte sie hören.

Das ist im Grunde das Problem. Wenn man nicht an Elfen glaubt, kann man sie nicht sehen, geschweige denn hören.

Auch Pflanzen können, lese ich in einem Buch des niederländischen Philosophen Jozef Keulartz, nicht nur unterirdisch durch die Wurzeln miteinander kommunizieren, sondern auch überirdisch über die Luft, wobei sie Duftbotschaften versenden, mit denen sie sich vor Parasiten warnen können. Pflanzen sind auch in der Lage, mit Tieren zu kommunizieren. Die Kommunikation ist lebenswichtig für ihre Selbstverteidigung. Werden Pflanzen von Parasiten befallen, dann produzieren sie nicht nur Warnstoffe, sondern auch Abwehrstoffe, mit denen sie den Befall abwehren. Sie versprühen manchmal auch Lockstoffe, mit denen sie Fressfeinde, sozusagen die Krokodile der Parasiten, anziehen nach dem Motto: Die Feinde meiner Feinde sind meine Freunde. Pflanzen wenden genau wie Tiere allerlei Formen von Mimikry an, um sich gegen

Feinde zu verteidigen. (Bei Mimikry haben ein Tier oder eine Pflanze Ähnlichkeit mit einem anderen Tier oder einer anderen Pflanze, viel mehr als durch Zufall, Lebensform und gemeinsame Abstammung erwartet werden kann. Eine von beiden Gattungen macht die andere Gattung nach. Das Wort »Mimikry« bedeutet Nachahmung oder Camouflage.) Ein wunderbares Beispiel dafür ist der Vizekönigsfalter, der die Flügel des Monarchfalters – so heißt das kleine Wunder – in Form und Farbmuster imitiert. Monarchfalter sind wegen ihres giftigen Milchsafts, den sie als Larven konsumieren, ungenießbar. Dadurch, dass der bekömmliche Vizekönigsfalter sich nicht vom Monarchfalter unterscheidet, rühren Insektenfresser diese Schmetterlingsart nicht an. Man könnte von einem Lookalike-Verteidigungssystem sprechen.

In den Fünfzigerjahren trugen die meisten Mütter in den Niederlanden eine Julianadauerwelle, zur Abschreckung falscher Bernhards. Unsere alte Königin Juliana war ein Schatz. Ihr Mann Prinz Bernhard ein enthusiastischer Bonvivant. Eine andere häufig vorkommende Form von Mimikry ist die Vogelkackemimikry. Die Larven vieler Schmetterlingsarten ähneln ekligen Vogelexkrementen. Einige Spinnenarten machen von dieser Art Mimikry Gebrauch. Ihre ärgsten Feinde sind Vögel, und die sind nicht scharf auf Vogelkacke. Warum muss ich jetzt an Karneval denken?

»Wir sind jetzt hundertsechzig Jahre weiter«, sagt Lieke. »Manchmal, nachts, wenn es ganz, ganz still ist, kann man den Baum, der hier einmal stand, in Baumsprache trauern hören: Ich, ich, ich vermisse dich.« – »Wieso wissen Sie das?«, frage ich. »Das weiß ich«, antwortete unsere Waldführerin, »von dem alten Mann, der gekommen ist, um hier zu wohnen. Das kleine Schild da hat er hingesetzt. »UM DIE BUCHE MÄHEN VERBOTEN! WEGEN ERWARTETER BUCHENBABYS.« Wissen Sie, die Alten können nicht ohne die Kinder, die Kinder nicht ohne die Alten. Leben heißt, nicht ohneeinander zu können.«

Ich saß im bequemen alten Stuhl meiner Mutter vor dem Fenster und vermisste sie ein bisschen. Ich blickte zu einer hohen Eiche im Garten und dachte: Bist du vielleicht eine Mutter? Der Baum raschelte: Ich bin wie die Buche beides, auch ich habe männliche und weibliche Früchte. So steht es geschrieben in dem großen Buch der Wunder. »Es war einmal«, flüsterte der Baum geheimnisvoll, »es war einmal ein ›Etwas‹, das manche Menschen Gott nennen.« Gott dachte eines Tages: »Weißt du was? Ich werde was machen.« Ich fragte: »Eine Zeichnung?« – »Nein.« – »Ein Gedicht?« – »Nein.« – »Krach?« – »Nein.« Der Baum sagte: »Eine runde Welt. Eine ganze Welt mit allem drauf und dran, in einer Handvoll Tagen. Am sechsten Tag sagte Etwas: ›Lasst uns Menschen machen, die uns gleichen.‹« – »Uns?« – »Ja, uns.«

»Und Gott schuf den Menschen ihm zum Bilde, zum Bilde Gottes schuf er ihn; und schuf sie einen Mann und ein Weib.« Ich wusste nicht mehr, was ich davon halten sollte. »Sagen Sie jetzt, dass Gott, Etwas, ein Mann *und* eine Frau ist?« – »Nein«, sagte die Eiche, »Gott hat genau wie wir männliche und weibliche Früchte.« In meinem Kopf begann es, Flocken der Erkenntnis zu schneien.

Meine Frau kam herein. »Hast du was? Du blickst so,

wie soll ich sagen ... seltsam. Woran denkst du?« – »Alles in Ordnung.« – »Gehst du mit mir spazieren? Es ist herrliches, klares Wetter. Zwei Grad unter Null, windstill, wie in Finnland.« Ich ziehe meine Gummistiefel an und stapfe in den knirschenden Schnee. Wir gehen eine Zeit lang. Ich höre in der Ferne den Zug, einen Bussard, das Geräusch auffliegender Reiher, sehe eine andere Fußspur im Schnee, die kurz darauf einfach aufhört. Hier ist jemand weggeflogen. Warum? Wohin? Was hörte er/sie? Was sah er/sie? Warum hier und nicht zwanzig Schritte davor? Wie hieß er/sie? Als wir zu Hause sind, mache ich den Fernseher an. Bin mitten in einem Dokumentarfilm.

»Das weltweite Klima der abgelaufenen drei Millionen Jahre«, sagt eine Stimme, »ist geprägt vom Kommen und Gehen von über sechzig Eiszeiten. Hauptsächlich verursacht durch eine sich verändernde Neigung der Erdachse. Die Dauer eines solchen Zyklus der veränderten Neigung beträgt etwa einundvierzigtausend Jahre. Eine Kamera zeigt uns Bilder von abbröckelndem Eis. Die letzte Eiszeit war vor achtzehntausend Jahren. Berechnungen haben ergeben, dass es noch mindestens fünfzigtausend Jahre dauert, bevor auf der Erde eine neue Eiszeit entstehen kann. Ich brauche mir also deswegen keine Sorgen zu machen. Das Klima kann jedoch auch außer Kontrolle geraten, meinen dieselben Wissenschaftler. Zum Beispiel, wenn die Ozeane zu sauer werden, der warme Golfstrom sich abschwächt und es zu wenig Eis gibt, um Sonnenlicht zu reflektieren, oder wenn Methan aus dem Meeresboden und dem Permafrost (das ist Boden, der mehr als zwei aufeinanderfolgende Jahre gefroren bleibt) freigesetzt wird. Aber wo endet die Veränderung? Darüber herrscht große Uneinigkeit. Jeder Experte hat eine andere Theorie.

Ich sehe jetzt Bilder von Feuer spuckenden Bergen. Das ultimative Weltuntergangsszenario liefert der Planet Venus. Von der Masse und der chemischen Zusammensetzung her ist Venus eine Schwester der Erde. Aber durch eine andere Zusammensetzung der Atmosphäre ist Venus ein Inferno, ein Krematorium.

Durch einen anfänglich minimalen Temperaturunterschied zur Erde ist in der Atmosphäre viel Wasserdampf entstanden. Dadurch hat sich der Planet »schnell« erwärmt, wobei Wasserdampf durch die Schwerkraft entwich und im Weltraum verschwand. Es gibt kluge, besorgte Köpfe, die denken, dass die Erde auch so enden kann, aber sie sind noch in der Minderheit. Sie wissen einfach zu wenig, um etwas anderes Sinnvolles darüber zu sagen. Seit ich diesen Dokumentarfilm sah, schaue ich unseren Toaster mit anderen Augen an.

Nachher kommt das Schneideteam zu uns aufs Land. In jedem Winter helfen mir ungefähr fünfzehn fröhliche ältere Menschen beim Beschneiden der Weiden. Wenn der Boden noch nicht gefroren ist, pflanzen wir zusammen auch junge Bäume. Ein bisschen weiter unten steht bei uns ein richtiger Wald voller Geburtstagsbäume.

Heute geht es schief, ich passe nicht auf. Während ich tagträume, knallt mir ein vier Meter langer abgesägter Ast auf den Kopf. Ich sehe Sterne, wie in einem Comic. Ich stütze mich an einen Zaun. Ich denke, während ich nach Luft ringe, seltsamerweise an einen Begräbniszug in Utrecht. Ich war ungefähr fünf, es war 1951. Vier schwarze Pferde mit Scheuklappen zogen einen niedrigen Anhänger, auf dem ein Sarg lag, bedeckt mit weißen Blumensträußen. Dahinter gingen die Trauernden mit schwarzen Mänteln und Hüten. Eine Hausfrau kam nach draußen und goss eine giftig dampfende Flüssigkeit in die Rinne. Die Pferde erschraken, stellten sich auf die Hinterbeine und gingen in fliegendem Galopp durch. Die Totenkiste kippte auf die Straße. Erst auf dem Janskerkhof konnte man die in Panik geratenen Tiere beruhigen. Niemand wurde verletzt. Außer dem Toten. Er brach sich ein Bein.

Ich liege, noch ein bisschen benommen, auf dem Sofa, soll ich ein Paracetamol nehmen? Ich öffne meinen Laptop. Mich interessiert, zu welcher Baumart die Weide gehört, zum Mann, zur Frau oder zu beidem? Sie scheint zweihäusig zu sein, also gibt es männliche und weibliche Weiden. Als ich weiterlese, sehe ich, dass ich kein Paracetamol zu nehmen brauche. Weiden hätten, so lese ich, eine heilsame Wirkung gegen Fieber, Arthritis, Schlaflosigkeit und übermäßigen Geschlechtstrieb. Der Effekt bei Fieber und Arthritis könne durch die enthaltenen Salicylate erklärt werden. Weidenbast gebrauchte man früher gegen Rheuma und Gicht. Durch das Kauen eines Stückchens Bast kann man Schmerzen lindern. Darin steckt nämlich Salicin, der Hauptbestandteil von Aspirin. Neben der Anwendung bei inneren Erkrankungen kann Weidenbast auch äußerlich heilende Wirkung entfalten. Es wirkt ansteckungshemmend, blutstillend, wundheilend und infektionsbekämpfend. So, ich kann also ruhig liegen bleiben und die Schürfwunde in Ruhe lassen. Ich habe ja meine Gartenapotheke.

In einem Schlummerschlaf sehe ich mich wieder auf dem Asphalt liegen nach einem Unfall mit einem Motorrad. Ich kam mit einer schweren Gehirnerschütterung davon. Mama streichelte meine Schläfen mit beiden Händen, tat danach, als würde sie die Hände waschen, und blies meine Schmerzen wie die Schirmchen einer Pusteblume in die Luft.

Ich denke, dass wir die Bäume nicht retten können, aber die Bäume uns. Inzwischen sehe ich, wie ein Eichhörnchen wie ein Baumakrobat vom Vater zur Mutter und dann zu einem uralten Mutterbaum springt, der sich um seine Nachkommen kümmert. Reine Luft, sauberes Wasser, aber er sorgt auch für die umliegende Begrünung, sodass Nachkömmlinge in einer gesunden Umgebung aufwachsen können. Wenn ein solcher Mutterbaum altersbedingt Ast für Ast langsam umkippt, schenkt er im Fallen seinem Nachwuchs noch zusätzlichen Kohlenstoff. So achtet er auf seine alten Tage darauf, dass seine Nachkommenschaft weiterwachsen kann.

Das tut Lisa, unsere Katze, auch. Sie springt mir auf den Bauch und legt dort einen toten Vogel hin. »Für dich«, miaut sie, »für den kleinen Hunger zwischendurch.« Wir haben Lisa sterilisieren lassen, nachdem wir verstanden haben, dass in unserem Land mehr Vögel und Säugetiere im Maul von Katzen sterben als durch Pestizide und Giftstoffe, Kollisionen mit Windrädern, Autos und Wolkenkratzern oder durch alle anderen von Menschenhand gemachten Ursachen. Laut eines Erwachsenen-Rapports laufen in den Niederlanden zweieinhalb Millionen Hauskatzen und hunderttausend streunende Katzen herum. Laut einer ziemlich konservativen Schätzung muss man davon ausgehen, dass sie miteinander jährlich ungefähr hundertfünfzig Millionen Beutetiere verspeisen, hauptsächlich Vögel, aber auch Säugetiere, Reptilien und Amphibien. Es gibt Menschen, die für die Einführung einer Anleinpflicht plädieren, aber das erweist sich als eine Kriegserklärung an Katzenliebhaber, für die diese Tiere heilig sind. Sie können oder wollen nicht akzeptieren, dass ihre niedliche, süß schnurrende Katze auch eine Killerin ist.

Es klingelt. Ich stehe mit einem dröhnenden Kopf auf. Ich denke: Lisa hat ein Glöckchen an ihrem Halsband und ein Röhrchen mit ihrer Adresse. Vor der Tür steht der Zeitungszusteller und Amateurbiologe Hans. Er gibt mir eine Karte mit der Aufschrift »HAPPY NEW YEAR«. »Gefallen?«, fragt er, während er auf seinen Kopf zeigt. »Ich hab einen Ast auf den Kopf gekriegt.« – »Ja, das kriegt man«, lacht der Mann, »wenn man so schön unter all den Mutterbäumen wohnt.«

*Die andren Babys sah ich nicht
ich sah nur dein Gesicht.*

Tochter

Unser jüngstes Enkelkind liegt oben in ihrem Gästebettchen. Die Eltern machen einen Spaziergang im Dorf. Meine Frau ist beim Einkaufen. Passt du bitte auf das Baby auf? Auf vorsichtigen Zehen schleiche ich nach oben, um nachzuschauen, ob es noch lebt. Da liegt es. Das Engelchen mit einem Schnuller in seinem pausbäckigen Gesicht. Sie atmet kaum hörbar. Ich sehe, wie ihre Schultern hoch- und runtergehen. Ich hoffe, dass ihr Vater und ihre Mutter oder meine Frau bald wiederkommen.

Ich sah ausbrechende Krater, Ozeane aufeinanderstoßen, Geysire explodieren, Blitze einschlagen. Doch das alles ist nichts im Vergleich zur treibenden Gewalt einer Geburt, zum Moment, in dem eine Frau Mutter wird. Kein Finale einer Symphonie, keine Jubel-Explosion nach einem Tor beim Fußball kann mithalten mit dem Moment, in dem eine Frau Mutter wird. Meine Tochter fragte mich neulich: »Papa, hast du schon mal ein Wunder erlebt? Ein echtes Wunder?« – »Ja, mein Schatz.« – »Was denn?« – »Deine Mutter.«

Ich bin bis heute mehr oder weniger bei sieben Geburten dabei gewesen. Ich sah, wie drei von unseren vier Kindern geboren wurden. Das Älteste kam wahrscheinlich aus unbezwingbarer Neugier Wochen zu früh. Ich habe aus Tokio durch einen Livebericht meiner Schwiegermutter am Telefon das Ereignis verfolgen können. Bei dem nächsten Kind war ich zwar dabei, aber ich verpasste den *moment suprême,* weil der Hausarzt anfing, mit einer Schere in meine Frau zu schneiden. Durch das Geräusch kam der Fußboden besonders schnell auf mich zu. Ich kam wieder zu mir durch das Weinen eines Babys. Eine dritte Geburt machte ich in einem Urwald auf Einladung eines Paters auf den Philippinen mit. Ich durfte unter ein paar Palmen weiter oben Augenzeuge sein. Das war auch der Fall, als unsere Katze Lisa eine Handvoll Kätzchen bekam. Die Geburt unseres dritten Kindes ging um ein Haar schief. Sein Kopf schien zu groß zu sein. Also in Windeseile doch noch ins Krankenhaus. Dort wurde er von einem Gynäkologen mit einem Pümpel herausgezogen. Es klappte prima. Der junge Mann sah aus wie ein Schlumpf, aber der Arzt modellierte das Babyköpfchen, dessen Form er jetzt, wenn auch etwas größer, noch immer hat. Ich war dabei, als unser Hund seine Welpen bekam und bei der Geburt unserer jüngsten Tochter. Sie fluppte heraus wie ein Seehund aus einer Welle. Ich wäre gerne dabei gewesen, als meine ältere Tochter ihr erstes Kind bekam, nun ja, mein Schwiegersohn hielt das für keine gute Idee …

Es ist vier Uhr früh. Ich werde wach, weil das Baby weint. Ich wecke meine Frau und sage: »Das Baby weint.« – »Vielleicht könntest du kurz mal nachschauen.« Ich stehe schläfrig auf, der Anlass des Geschreis liegt auf dem Boden. Ich hebe das kleine Ding auf und stecke es in den Babykopf. Das Weinen stoppt, als ob man ein Radio ausschaltet.

»Guten Morgen, Schätzchen, weißt du, dass das, was du im Mund hast, Schnuller heißt? Und dass das, was du da auf der Tapete siehst, blaue Blumen sind? Das Licht da draußen heißt Guten Morgen. Schön, nicht? Wenn du später zur Schule gehst, lernst du, die Welt zu begreifen. Danach kommt die Schlaflosigkeit. Der Vater mit den Brüsten, der gerade hereinkommt, ist deine Mutter. Und ich, der mit ohne Haare, ist dein Opa. Toll, nicht?«

»Weißt du, was ich heute noch nicht bekommen habe? Ein Küsschen«, sagte ich zu meinem Enkel. »Ach ja«, sagte er und rannte auf seinen Pyjamafüßen zu mir, kletterte auf meine Knie und tippte mir ein Küsschen auf die Wange. »Ich danke dir«, sagte ich. »Bitte schön«, antwortete er ernsthaft.

Als Baby Anne geboren wurde, war alles weiß: der Krankenwagen, die Schwester, der Arzt, das Waschbecken, die Kaffeetassen, die Handtücher und die Laken. Und es standen Apparate für alle Fälle da. Es gab warmes Wasser, und der Doktor hatte seine Hände in dünne Gummihandschuhe gesteckt. Da war eine Waage, ein Bettchen, ein Paravent und ein Stuhl für den Vater, der die Mutter mit seinen großen Händen festhielt. Und die Schwester notierte auf einem Zettel, wie alles ablief. Von weit draußen hörte man den Straßenlärm und das Läuten der Glocken. Als das Baby kam, wurde es vom Doktor aufgefangen, und der gab es der Schwester, die es uns sehen ließ. Und wir heulten Rotz und Wasser vor Glück. Das Baby wurde gewaschen und in weiße Decken so sehr eingemummelt, dass man es beinahe nicht mehr wiederfinden konnte. Vierzehn Tage danach gab es ein kleines Problem. Und der Doktor kam, gab eine Spritze, streichelte dem Baby über das Köpfchen, und wir bezahlten ihn per Girocard.

Als ihr Baby im Regenwald geboren wurde, wedelte der Hund mit dem Schwanz, und die Hitze der Sonne ließ die Luft über Wellblech- und Asbestplatten flimmern. Eine kleine graue Katze saß gähnend auf einem Bambusstab. Ihre Mutter, Großmutter, ihre Schwestern und ihre Brüder, die Kinder von gegenüber, die Nachbarn und ein verrückter alter Mann. Sie umringten sie dicht aneinandergedrängt in einer kleinen Hütte, sie lachten und sie schwatzten. Und die Mutter, die schon sieben Kinder hatte, hockte mit hochgeschobenem Rock auf dem Lehmboden, und es gab etwas warmes Wasser in einer rostigen Schüssel und eine kleine Strohmatte für das Baby, es lagen Windeln aus Gardinen da, ein Fläschchen Alkohol, eine Schere und ein Schnürsenkel für den Nabelstrang. Und von draußen hörte man den Fluss, die Vögel und die Bäume winken. Und als das Baby kam, wurde es von der Mutter der Mutter aufgefangen. Und die gab es dem Vater, und der zeigte es seinen Freunden und seinen Kindern. Und sie weinten Freudentränen vor Glück und sangen Lieder aus alter Zeit. Und das Baby wurde gewaschen und neben die Mutter auf den Boden gelegt. Und als das Baby vierzehn Tage alt war, gab es ein kleines Problem – und keinen Doktor in der Nähe.

Der eine gibt Blumen, der andere Geschenke, eine Teekanne, Gläser, Handtücher, Shampoo oder Wintersocken. Es gibt Menschen, die für jemanden, den sie lieben, ein Vögelchen aus Papier falten oder einen Pullover stricken, oder einen Apfelkuchen backen. Ich schenke jemandem gern ein Lied, eine Geschichte, eine Zeichnung oder ein Bühnenstück. Auch fiedele ich gern etwas Fröhliches auf meiner Geige oder singe extra für jemanden ein Lied. Wie ich es zum Beispiel für meine Tochter gesungen habe, als sie vier wurde.

> *He, kleiner Fratz auf dem Kinderrad,*
> *gekonnt hältst du die Balance,*
> *he, kleiner Fratz auf dem Kinderrad,*
> *du führst in der Tour d'Elégance,*
> *mit den Haaren im Wind, auf den Wangen die Sonne,*
> *saust du vorbei wie ein Blitz, flitz ...*

»Ja, mein Junge«, sage ich zu meinem Enkel, »das sang ich für deine Mutter, als sie gerade Radfahren gelernt hatte und ich noch ein blutjunger Vater von zwei Kleinkindern war. Ein junger Kerl, der jetzt ein Erwachsener ist und ein Töchterchen hat, das jetzt deine Mutter ist und mittlerweile große schulpflichtige Söhne hat, von denen einer dir unglaublich ähnelt. Das Kinderrad haben wir noch, musst du dir mal anschauen, es hängt an einem Stück Paketschnur zwischen den Sachen, die noch aufgeräumt werden müssen, auf dem Dachboden hinter den Koffern, Körben, Schlittschuhen und den Kartons, wo alles aufbewahrt ist, was wir nicht mehr oder nur hin und wieder brauchen.« Der Kleine hört mich nicht, er ist schon auf dem Weg zum Dachboden. Ich rede ganz allein weiter. »Oder wo alles aufbewahrt ist, um irgendwann mal, später, also nie mehr, denn es ist ja schon später, rausgesucht zu werden.«

Wenn ich früher die Kinder ins Bett brachte, ließ ich mir, wenn ich neben ihnen lag, oft Geschichten einfallen, die ich dann am folgenden Tag aufschrieb, für den Fall, dass ich für sie später einmal Verwendung hätte. Jedes Mal dachte ich mir etwas Neues aus, was ziemlich chaotisch für meine Kinder war. Denn, wie ich erst begriff, als sie erwachsen waren: Kinder machen sich die Welt zu eigen vor allem durch die Geschichten, die sie immer wieder hören wollen, am liebsten immer auf die gleiche Weise erzählt und womöglich mit der gleichen Intonation. Ich muss sie also ziemlich verwirrt haben.

»Als die ersten Menschen begannen, Geschichten zu erfinden, um sie einander zu erzählen, fand das Chaos ein Ende«, schreibt Imme Dros in ihrem Buch *Griekse mythen (Griechische Mythen)*. Deshalb brauchen wir Geschichten, als Waffen gegen das Chaos. Ich glaube, dass es so ist. Wenn die Rede ist von einem Abschied, Bruch, Krach, Missverständnis, von den Wechseljahren, von Krankheit, Ruhestand, Scheidung, dem Tod eines Freundes oder einer Geliebten, unglaublichem Glück, Leid, Wut oder Frustration, will man kapieren, was los ist, wissen, wie es weitergeht, weil die Logik verloren ist, die Geschichte nicht klar. Man stellt sich selbst oder einem anderen Fragen, so entsteht die Geschichte. Mit jeder Klarheit fühlt man sich leichter, weniger konfus durch den Schlamassel, die Panik in seinem Dasein. Wenn das Dasein eine Form erhält, kann man wieder weiter. Oder wie die Soziologin Christien Brinkgreve sagt: »Geschichten lehren Menschen, Ereignisse interpretieren zu können. Die Menschen begreifen sie, indem sie Geschichten folgen. Sie zeigen die Dilemmas des Daseins und geben Sichtlinien über Gut und Schlecht, Verhalten, Gefühl und Moral. Das gilt vor allem auch für Mythen und für Märchen. Die werden immer wieder aus der Versenkung geholt, abgestaubt und wiederverwendet.«

Aus dieser Erkenntnis schrieb ich als Wort- und Augengeschenk Dutzende Bühnenstücke und machte eine Reihe von Filmen und Geschichten, um das Chaos in meinem Kopf und der Welt um mich herum unter Kontrolle zu kriegen. Zum Beispiel: Ich hatte zur Zeit unserer Scheidung einen immer wiederkehrenden Albtraum. Ich träumte immer wieder, dass ich durch die ganze Aufregung zu spät zur Schule gekommen wäre, von wo ich wie jeden Mittwochmittag meinen Sohn abholen sollte. Ich sah ihn auf dem Schulhof stehen, mutterseelenallein. Als er mich in meinem Albtraum sah, rannte er, ohne nach links und rechts zu schauen, über die Straße auf mich zu, während ich sah, dass sich ein Auto viel zu schnell näherte. Dann schrie ich tonlos den Namen meines Sohnes und erwachte zitternd vor Schreck. Ich wurde den Albtraum einfach nicht los. Ich habe dann einen Film gemacht über einen Mann in drei Wirklichkeiten – der Vergangenheit, dem Jetzt und der Zukunft – der versucht, diesen Unfall zu verhindern, wodurch der Junge in dem Traum stirbt und im echten Leben fröhlich weiter Fußball spielt. Es hat mir sehr geholfen, diesen Film zu machen. Ich war von meinem Albtraum befreit, habe allerdings das Publikum, das diesen Film sah, in äußerster Verwirrung zurückgelassen.

Morgen wird mein Enkel schon sieben Jahre. Der kleine Mann ähnelt auf beeindruckende Weise seiner Mutter, als sie so alt war, wie er jetzt ist. Ich kriege davon manchmal einen Kloß im Hals. Es ist ein Wunder. Ich bin wehrlos. Ich schmelze dahin, wenn ich ihn ins Bett bringe und ihn fast schon schlafend sagen höre: »Gute Nacht, Opa.« – »Gute Nacht, mein Junge.« Zum Geburtstag will er ein FC-Barcelona-Ronaldinho-Shirt. Ein schwarzes Kopfband wie sein Idol hat er schon. Von seiner Mutter wünscht er sich ein Goldkettchen mit einem Kreuz, so eins, wie Ronaldinho es trägt. »Denn Gott gibt es«, sagt er. Als ich ihn fragte, wie er darauf kam, antwortete er, einen Schokoriegel brechend: »Gott hat einen Namen. Also gibt es ihn. Logisch.« Ich schrieb für das Kerlchen einen Vers, den ich morgen Abend, wenn ich mich traue, für ihn singen werde.

Gott ist der Wind
Gott ist eine Schneeflocke
die auf deiner Hand
schmilzt.
Ein Wort
das in deinen Gedanken
lebt.

Ich würde noch hinzufügen: Gott ist ein Enkelsohn. Herzlich zu empfehlen.

Auf halbem Wege setze ich mich auf die Treppe. Was wirst du später mal werden, du hast keine Idee? Ich würde mir darüber keinen Kopf machen. Als ich so alt war wie du, wusste ich auch nicht, was ich mal werden würde, ich schwankte zwischen Schornsteinfeger und Pilot, Fahrradmacher oder Matrose, und sieh mich jetzt an. Es passiert einfach, es ist Zufall, du verliebst dich in einen Menschen, der Lieder mag, und bevor du's weißt, bist du ein Sänger. Es passiert einfach, es ist Zufall, du verliebst dich in einen Menschen, der Veilchen mag, und bevor du's weißt, bist du ein Gärtner. Wen du später mal heiraten wirst, ich würde mir darüber keinen Kopf zerbrechen, ich wusste damals, als ich so alt war wie du, auch nicht, wen ich heiraten sollte, schwankte zwischen meinem Vater und meiner Mutter oder der Nachbarin. Es passiert einfach, es ist Zufall, und bevor du es dich versiehst, verliebst du dich in einen Menschen, der Sex haben mag.

Mein ältester Enkel tippt auf seinem Laptop schneller, als meine Mutter auf dem Sterbebett sprach. Er braucht dabei nicht mal auf seine Finger zu sehen. Seine Augen starren auf den Bildschirm, während er beinahe fehlerlos seinen Befehl tippt. Eine Freundin erzählte mir neulich, dass Kinder in den Vereinigten Staaten im Durchschnitt sieben Stunden am Tag vor einem Bildschirm sitzen. Unvorstellbar. Meinem Enkel hat seine Mutter ein Stündchen am Tag erlaubt.

Das Schreiben von Worten ging, als ich damit begann, auf einem Griffel und einer Schiefertafel vonstatten. So lernte man, wie der Dichter Remco Campert sagt: »Weiße Zeichen setzen, Weiße-Zeichen-Regen, auf dem dunklen Himmel der Tafel.« Wie er erinnere ich mich an die Schwammdose. Mit einem nass gemachten Schwämmchen konnte man Streifen auswischen. Danach begann man von vorn. Später durfte man Wörter schreiben auf liniertem Papier, mit einem Bleistift oder ganz edel mit einem Füllfederhalter, den man in ein Tintenfässchen tunkte, das geschickt unter einer kleinen Schublade in der Schulbank verborgen saß. *Aaap, noot, Mies.* Wörter, Sätze, diktiert vom Fräulein. Ich war auf der Maria-Montessori-Schule in der Monseigneur van de Weteringstraat. In jenen Tagen eine Schule für »sonderbare« Kinder. Schreiben machte mir Spaß, auch wegen der Sachen, die dazugehörten: eigene Hefte, ein Kugelschreiber, ein Füllfederhalter, eine Schreibmaschine mit Durchschlagpapier, sodass man mit einem Mal Tippen zwei Blätter vollgeschrieben hatte. Danach der Computer. Jetzt der Laptop. Und nun kann man Schriften durch die Luft verschicken. Es steht, was man dachte, eine Sekunde später auf Twitter oder auf Facebook. Jetzt kann die ganze Welt lesen, was man gerade noch dachte. Ich sehe zum kleinen Mann, der aussieht wie meine Tochter, und denke an die Zeit, als wir noch langsam lebten.

Meine Mutter war alt und es leid, auf den Tod zu warten. Einen Tod, vor dem sie keine Angst hatte, nur vor den Schmerzen beim Sterben. Sie war überzeugt davon, dass sie nach dem Ableben ihre Mutter wiedersehen würde. Mein Vater, meine Mutter, meine Schwestern und ich sprachen mit den Ärzten im Krankenhaus darüber, ein wenig »nachzuhelfen«. Ich wusste damals noch nicht, dass meine Tochter schwanger war. Noch vor dem Wochenende wollten wir weiter über Sterbehilfe reden. Ich hörte an diesem Freitagmorgen, dass meine älteste Tochter schwanger ist. Ich fragte deshalb den Chefarzt, wie lange meine Mutter noch leben würde. Schwer zu sagen. Eine Frage von Monaten?

Kurz darauf erzählte ich meiner Mutter in ihrem Zimmer von dem anstehenden frohen Ereignis. Sie biss sich auf die Unterlippe, drehte den Kopf zum Fenster, schloss die Augen und sagte nach einer Weile, dass sie das Gespräch über »nachhelfen« heute nicht mehr führen wolle.

Meine Tochter wünschte sich eine Hausgeburt. Ich hielt das für keine so gute Idee. Bei der Geburt unseres jüngsten Sohnes fand der Hausarzt es im letzten Augenblick doch sinnvoller, dass sie im Krankenhaus entband. Auch dort war es aufregend, aber zum Glück verlief alles schließlich doch perfekt. Wir waren offensichtlich auf der guten Seite der Statistiken.

Als unsere Tochter entband, spielten wir im Theater von Hogeveen. Ich hatte mit dem Bühnenmeister vereinbart, dass er dreimal mit einer Taschenlampe blinken sollte, wenn die Wehen eingesetzt hatten. Mitten beim Schlusslied hörte ich mich sagen: »Die Wehen haben eingesetzt.« Ich bin noch während des Beifalls von der Bühne runtergerannt, über die Veluwe gerast, wurde noch kurz aufgehalten von einem die Straße überquerenden Wildschwein mit sieben Ferkeln, kam aber glücklicherweise gerade noch vorbei. Ich habe meinen Vater in Utrecht abgeholt, mit seiner Kamera im Anschlag sind wir mitten in der Nacht nach Maarssen geheizt. Bei meiner Tochter zu Hause kamen mir auf der Treppe meine Ex-Frau und ihr Mann entgegen. Sie gratulierten mir zu unserem ersten Enkelsohn. Mich überkam ein Gefühl von Glück und Erstaunen. Ich hatte mir irgendwie nicht vorstellen können, dass meine Tochter das Kind ohne mich zur Welt bringen konnte.

Wir haben noch fröhliche Aufnahmen von Mutter und Kind gemacht, um sie am nächsten Morgen meiner Mutter im Krankenhaus zu zeigen. Videokameras hatten damals noch keinen ausklappbaren Bildschirm. Ich hatte kein Problem damit, den Fernseher mitzunehmen. Meine Mutter sah sich die Bilder von ihrem ersten Urenkel mit ernstem Blick an. War auch alles dran? Sie schaute meinen Vater und mich danach lange an. Ihre Hand suchte unsere. Auf dem Krankenhausflur pfiff jemand »Blackbird« von den Beatles. »Freust du dich?«, fragte mein Vater nach einer Weile. Meine Mutter nickte. Zwei Wochen später starb sie.

Beinahe habe ich wieder Geburtstag. Ich sehe es an den Bäumen, höre es im Wind, merke es an den Vögeln, fühle es in meinen Knien. Es liegt etwas Sonniges in der Luft. Ich starre auf den Weg entlang der Weißdornhecke, ich denke: Die muss dringend mal wieder geschnitten werden. In Gedanken sehe ich auch wieder die Bilder des weißen Tupfers im Grün, des schlingernden blinkenden Kinderrades. Bilder, die ich nicht mehr erreichen kann, die nur noch in meinen Guten-Morgen-Träumen erscheinen.

Als ich heute Morgen die Zeitung aufschlug, fand ich ein ganzseitiges Interview von Paul Onkenhout mit meiner Tochter Babette, dem Mädchen vom Kinderrad. Sie wurde wie folgt vorgestellt: »Babette van Veen (50), spielt seit 1990 in GTST[*], sang in einer Girl Group und bringt jetzt ein Vorlesebuch heraus. ›Wirf dein Herz und deine Seele hinein, das habe ich von meinem Vater gelernt. In gewisser Weise bin ich in die Fußstapfen meines Vaters getreten. Wenn dein Vater Bäcker ist und du in einem Bäckerladen aufwächst, wirst du auch Croissants lieben.‹«

In dem Interview stand nicht, wie könnte es auch, dass niemand auf der Welt die Söhne so liebevoll anschauen kann wie sie, dass niemand im Universum so glückselig von ihnen erzählen und niemand so voller Vertrauen von ihnen schweigen kann wie meine Tochtermutter.

---

[*] Die niederländische Version von *Gute Zeiten, schlechte Zeiten,* Anm. des Übersetzers.

Es ist Herbst und unwirtlich. Wir haben Gäste aus dem Kriegsosten. Auf deinem Fahrrad fährt über den Weg ein Mädchen, wie du einst fuhrst, als du so ein Mädchen warst. Auch das Kleid, das es trägt, das grüne mit den Blümchen, wirst du wiedererkennen. Und seine Schuhe und sein schallendes Lachen. Ich kann nicht mit ihm reden, denn es kommt von weit her. Darum ziehe ich komische Grimassen. Meckere wie Schafe, wiehere wie Pferde und wedele mit den Hunden um die Wette. Es hat eine Zeichnung für mich gemacht, mit Buntstiften, auf der ein Häuschen mit einer Rauchwolke unter den Bomben zu sehen ist. (Achtung, hier steht »Bomben«, nicht »Bäumen«.) Und ein Zug voller Püppchen mit ganz vielen Koffern. Ich bin auch auf der Zeichnung, mit meinem kahlen Kopf und einer Gitarre, und mach einen Sprung. Nicht so hoch, wie ich ihn damals für dich machte, als du so ein Mädchen warst.

*Hör auf mit dem Gepfeife
pfeif lieber mal auf dieser
Geige.*

Geigenmutter

»Frau van Veen, wollen Sie kaufen eine Geige?«, sagte der Zigeuner (den man damals noch so nannte) mit einem deutschen Akzent. »Schöne Geige, beinahe Stradivari. Hundert Gulden. Schönes Geschenk für Söhnchen. Braucht nicht mehr zu pfeifen. Nein? Sie wollen nicht kaufen Geige? Okay. Darf ich Ihnen dann aus der Hand lesen? Nahe Zukunft?«

Meine Mutter gibt dem Mann die Hand.

»Ah, Frau van Veen. Ich sehe, dass Sie in naher Zukunft werden kaufen Geige.«

Es gibt Plätze, wo die Sonne niemals hinkommt. Da findest du Menschen, die einsamer sind als du. Sie schlurfen Mauern entlang. Sie starren Figuren an, die man nur mit Augen anfassen darf. Dort gibt es Plätze, an denen der Mond eingerahmt ist. Lokale ohne Uhr, in denen es nie regnet. Man sieht dort Gäste, die zu sich selbst laut mit ihrer Mutter reden. Stiller oder lautstärker nach jedem Schluck. Dort gibt es Plätze, wo es nie schneit. Da findet man sie im Stockdunkeln. Sie sitzen mit Eimern voller Popcorn auf dem Schoß und starren auf das, was sie auch hätten sein können. Es gibt dort Menschen wie dich und mich.

Zum fünften Mal spielt der Barkeeper für mich, für mich allein, »Don't Know Why« von Norah Jones.

Der Mann, den ich im Spiegel der Bar sehe, sagt annähernd verständlich zu einem Barkeeper: »Jeder Gedanke sendet eine Frequenz direkt ins Universum. Da wird der Gedanke reflektiert. Kommt also zu dir zurück.« Der Mann nimmt einen Schluck. »Wussten Sie das?«

»Nein. Wenn ich das wüsste, dann wäre ich heute Lehrer.« – »Nein, tut mir leid. Das war schon Ihr drittes letztes Glas. Das Leben beginnt morgen wieder früh mit den Kindern und so. Echt, wir schließen jetzt. Gehen Sie ins Bett. Es war ein harter Tag.«

»Soll ich Ihnen zur Tür helfen?«, fragte der Portier des Hotels. »Sie nach oben bringen? Sorry, das ist eine Kreditkarte. Damit geht keine Zimmertür auf. Ist das Ihr Mantel? Ihr Koffer? Ihre Geige? Träumen Sie schön.« – »Wissen Sie«, fragte ich den Mann verwirrt, bevor er die Tür hinter mir zumachte, »wie schwierig es ist, ohne Auto einen Parkplatz zu finden?«

Als ich klein war, dachte ich: Wenn meine Schwester ihren Po verlieren würde, das will ich nicht, aber wenn sie ihren Po verlieren würde, bekäme ich ihr Fahrrad. Wenn auf Jopie ein Betonblock fallen würde, das will ich nicht, aber wenn auf Jopie ein Betonblock fallen würde, dann wäre ich in unserer Fußballmannschaft Mittelstürmer. Wenn mein kleiner Neffe durch eine Kreissäge seine Füße verlieren würde, das will ich nicht, aber wenn er durch eine Kreissäge seine Füße verlieren würde, dann dürfte ich mit seiner kleinen Trommel beim Umzug vorausgehen. Wenn die Arme von Anneliesje durch etwas Unbegreifliches wie Würfelzucker im Tee schmelzen würden, das will ich nicht, aber wenn ihre Arme im Tee schmelzen würden, dann dürfte ich an ihrer Stelle mit Sharon Frank im Gebouw voor Kunsten en Wetenschappen das Doppelkonzert für zwei Geigen von Johann Sebastian Bach spielen.

Das *Financieel Dagblad* lud mich ein, über ein paar gute Dinge in meinem Leben zu schreiben in dreihundertsiebzig bis dreihundertachtzig Wörtern, nicht mehr und nicht weniger.

Eisblumen auf Fenstern, frischer Schnee.

Mutter, die mit Erwachsenenhänden in der Spüle meine kleinen Fäuste mit grüner Seife wäscht, einen Tropfen Salzwasser von meinen Wangen abwischt.

Vorn im Kindersitz auf dem Batavus-Fahrrad meines Vaters sitzen.

Mein erster Erwachsenenkuss hoch oben in den Tiroler Alpen.

Zu sehen, wie Kinder geboren werden.

Die Wörter »Erstauflage« in einem kleinen Band mit zaghaften Gedichten.

Der Gang zu einem Mikrofon, den Kopf voller Pläne.

Das Anspitzen eines Bleistifts, ganz vorsichtig, damit die Mine nicht bricht, oder das ebenso behutsame Schälen eines Apfels.

Die Stille am vierten Mai, dem niederländischen Volkstrauertag. Und dann das Läuten der Glocken.

Immer das Meer zu sehen, egal bei welchem Wetter.

Bewunderung zu empfinden für Mozart, Schubert, Bach, Glass.

Alten Whisky zu trinken, junge Schnäpse, stillen Rotwein.

Ein Stückchen Leberwurst mit einer Perlzwiebel darunter auf einem Zahnstocher.

Lesen, schreiben, schmusen, spazieren gehen und wieder von vorn.

Das Ausschalten des Geschirrspülers, unserer hat ein kleines Lämpchen, das anzeigt, dass er fertig ist. Das langsame Ausräumen der Teller, Tassen, Gläser und der Töpfe. Das Einsortieren der Gabeln, Löffel, Messer zu den Gabeln, Löffeln, Messern.

Genau zu wissen, dass ich nicht meine Gedanken bin.

Der Duft von Kaffee mit Zimt.

Eine Fliege, die meine wippenden nackten Füße neugierig machen.

Ein Schokoladenbrötchen.

Zwei Zitronenfalter, die von Blume zu Blume flattern.

Eine leichte Brise.

Eine Elster, die eine Amsel verjagt.

Eine Frau, die »Protect Bronze« auf meinen kahlen Kopf schmiert.

Jemanden zu hören, der glücklicherweise aufhört zu mähen.

Die Erkenntnis, dass ich mich noch an schöne Dinge erinnern und mich auf sie freuen kann.

Cecilia Bartoli singen zu hören, John Lennon, Edith Leerkes oder Piaf.

Geigenstunden von Fräulein Doornekamp zu bekommen.

Utrecht, 31. August 1976

Lieber Herman,
gestern las ich in der Zeitung, dass unser großer Meister Wim Kan Dir den Louis Davidsring überreicht hat. Es ist der größte Preis, der Dir zuteilwerden kann, sehr, sehr herzlichen Glückwunsch. Möge dieser Ring ganz lange in Deinem Besitz bleiben und Dir viel Glück bringen. Dass Du Deine Kunst noch sehr lange ausüben kannst zu Deiner Freude und der Deines Publikums, ist mein inniger Wunsch.
Nochmals herzlichen Glückwunsch und viele herzliche Grüße, auch an Marlous von
To Doornekamp

1962 machte ich die Aufnahmeprüfung am Utrechter Konservatorium. Da stand ich würdevoll auf der Bühne in einer gepflegten neuen, mit meiner Mutter bei C&A gekauften grauen Hose. Mit einem Hemd, mit Krawatte und einem dunkelblauen Sakko mit silbernen Knöpfen. Begleitet von dem echten Pianisten Laurens van Rooyen, spielte ich ein kleines Violinkonzert von Corelli. Klappte picobello, bis ich vor lauter Begeisterung beim Presto den Notenständer mit einem vehementen Aufstrich umwarf. Laurens hatte es nicht mitgekriegt. Während ich verzweifelt meine Notenblätter aufsammelte, pfiff ich meine Partie todernst weiter. Ein schallendes Gelächter erhob sich vom Kommissionstisch. »Es ist gut«, sagte Herr van den Boogert, »oder?«, während er seinen Kollegen hinter dem Tisch zunickte. Er wischte die Gläser seiner Brille sauber und fuhr fort: »Junger Mann, du bist von Herzen willkommen.« Als ich perplex den Flur entlangging, wo mein Vater, meine

Mutter und Fräulein Doornekamp auf mich warteten, brauchte ich nichts zu sagen, meine Miene war so glücklich, dass Worte überflüssig waren.

Fräulein Doornekamp war eine alleinstehende Frau. Sie wohnte in einem gepflegten Zweizimmerappartement am Wasser, gegenüber dem Muntgebouw, dem Gebäude, wo unsere Münzen geprägt werden. Zehncentstücke, Viertelgulden, Cents, Gulden und Reichstaler. Gedenkmünzen wie die von der ersten Mondlandung. Alles stand bei ihr so angeordnet, als wäre es dort gewachsen. Die Pflanzen auf der Fensterbank, die Bücherreihen in dem Bücherschrank, die glänzende Kommode, die Tischlampe, die Porzellantassen und die Teekanne auf dem Tisch.

Meine erste Geigenstunde bekam ich von ihr auf der Musikschule in der Lange Nieuwstraat. Aber das fand sie zu unruhig mit dem Verkehr und den Glocken vom Dom. »Komm lieber zu mir nach Hause, Herman.« Niemand nannte mich damals Herman, es hieß immer Herre, Jochie oder Hempie. Hempie, weil mein Hemd immer aus der Hose hing.

Ihre Welt war eine Welt der Kultiviertheit, Fantasie, Ästhetik. Ich fand sie spannend. Das Fräulein trug Nylonstrümpfe mit einer Naht und einen edlen Plisseerock. Ich fragte mich, warum sie mittwochnachmittags Sonntagskleidung trug. Das Fräulein hatte Zeit für mich und Aufmerksamkeit. Es war eine neue Mutterschaft, mit der ich es zu tun hatte. In den ersten Monaten zauberte ich nur Gekrächze und Gewimmer aus der Geige, unerträglich anzuhören. Aber wenn Fräulein Doornekamp vorspielte, hörte ich den Topf voller Gold am Ende des Regenbogens. Sie hat mir beigebracht, die Geige zu lieben. Wenn ich eine

Note spielte, die da gar nicht stand, sagte sie: »Lieber Junge, du schummelst.«

Eine Geige ist sowohl ein Solo-Instrument als auch ein Ensemble-Instrument. Man kann sich also am Zusammenspiel erfreuen als auch alleine spielen. Ich betrachte mich in erster Linie als Sänger, aber eine Geige, die singt, ist fast so schön wie eine vom Atem getragene Stimme. Beim Singen kann man die Kontrolle über die Emotionen verlieren durch Ermüdung, Frustration oder Machtlosigkeit. Mit der Geige ist die Beherrschung einfacher, weil sie ein technisch-handwerkliches Instrument ist. Meine Verbindung zur Geige basiert auch auf dem Geruch, einer Mischung aus Harz, Holz und Öl. Nach einem hektischen Tag kann ich noch so unruhig in die Garderobe kommen, wenn ich meinen Geigenkasten öffne und den Geruch schnüffle ... komme ich zur Ruhe. Es ist beinahe ein Ritual, der Auftakt zum Glück. Dafür brauche ich immer noch eine Geige.

Die Geige war für mich, wie schon gesagt, ein Wendepunkt. Auf der Straße war das Leben rau, man stand still oder man rannte, man schrie oder man flüsterte. Ich war ein Junge, der bei der Aufstellung für ein Fußballspiel so ungefähr als letzter gewählt wurde. Ich war auf keinem Gebiet schlecht, aber ich ragte außer beim Singen sonst nirgendwo heraus. Bis ich das Instrument in die Hände bekam. Ich konnte glänzen, die Geige wurde eine starke Waffe. Kein Mädchen hatte Augen für mich, bis ich anfing zu spielen.

Sechs Jahre habe ich Geigenunterricht bei To Doornekamp gehabt. Unterricht in Streicharten, allen möglichen Fingerpositionen, im Entwickeln eines Vibratos, Doppelgrifftechniken, Unterricht im Umschlagen von Notenblättern, Verbeugen nach einem Konzert, Auf-die-Bühne-Kommen und Von-der-Bühne-Gehen. Unterricht in Kompositionslehre am Beispiel großer Komponisten. Sechs sorglose Jahre. Sie zu kennen, ihre Aufmerksamkeit zu spüren, gab mir Selbstvertrauen. Ich hatte tatsächlich eine Mutter an meiner Seite. Sie sagte manchmal: »Was für ein tolles Hemd, warum guckst du so traurig?« Oder: »Was hast du gemacht? Wie geht's dir in der Schule? Hast du schon eine Freundin? Du musst mal das hier lesen. Geh mal zum Streichquartett ins K&W (gemeint ist das Gebouw voor Kunsten en Wetenschapen, ein berühmter Musiksaal in Utrecht, Anm. d. Übersetzers). Und Sonntagmittag spielt das Concertgebouw-Orchester Mahler im Radio.«

Meine ganze Mittelschulzeit hat sie bereichert mit ihrer Aufmerksamkeit für mein Wesen. Sie ließ mich bei Konzerten spielen, lieh mich an Ensembles aus. Fräulein Doornekamp war meine Geheimwaffe. Ich wollte sie niemals enttäuschen. Sie bereitete mich engagiert auf die Aufnahmeprüfung des Utrechter Konservatoriums vor, regelte meine Gesangs-, Harmonielehre- und Solfègestunden. Ihr verdankte ich, dass ich die Prüfung mit Bravour bestand. Ich wurde Musikstudent.

Neulich fand ich in einer Schachtel mein eingerahmtes Konservatoriumsdiplom: Musikunterricht-Akte A. Utrecht, 12. Juni 1962. Unter dem Stempel »Je maintiendrai« steht: »Der vom Minister von Kultur, Freizeit und Sozialarbeit berufene Regierungskommissar bescheinigt, dass diese Urkunde überreicht wurde nach einem Examen, das gemäß der staatlichen Anforderungen und Rechtsvorschriften unter seiner Aufsicht abgehalten wurde.«

Ohne meine Geigenmutter hätte ich weder die Anforderungen noch die Rechtsvorschriften erfüllt.

Ich weiß nicht, wie es mit Fräulein Doornekamp ausgegangen ist. Meine Eltern wohnten im selben Block wie sie, mit Aussicht auf die Bäume. Sie grüßten sie noch lange von mir. Und immer ließ sie zurückgrüßen. Bis meine Eltern, schon in ihren Achtzigern, umzogen; Mama ins Krankenhaus und Papa zu uns. Seitdem habe ich nichts mehr von dem noch älteren Fräulein gehört und sie nichts mehr von mir, bis ich hörte, was man schließlich hört: Es ist vorbei.

*Wenn du es sagt
wird es wahr sein
weil dir nie was andres
über die Lippen kam.
Auch wenn ich es
nicht kapier.*

Maria

Mädchen, willst du mein Mädchen sein? Ja, toll. Aber manchmal fühl ich mich wie ein Junge. Macht nichts. Dann heiraten wir einfach zu dritt.

Auf unserem WC hängt gegenüber der Kloschüssel eine Bleistiftzeichnung von einem Pater und einer Nonne. Sie gehen auf dem Bild Hand in Hand durch ein Feld mit fröhlichen Blumen. Ich schickte seinerzeit dem Zeichner des kleinen Bildes als Dankeschön eine Geschichte, in der ich erzählte, wie es angeblich mit den beiden weiterging.

Nachdem an einem lauschigen Sommerabend der Pater sich in die Nonne verliebt hatte und die Nonne sich in den Pater, fragten sie Gott: »Was nun?« Und Gott schickte ihnen einen winzigen Sonnenstrahl auf ein Vogelnest in der Hecke. Und irgendwo in der Ferne konnte man die Glocken läuten hören. Der Pater sah die Nonne an, und die Nonne sah den Pater an. Und durch ihre Tränen kamen kleine Lichter in ihre Augen. Sie sagten »Tschüss« und »Danke« und spazierten Arm in Arm auf dem langen Weg entlang der Weißdornhecke, weg vom großen grauen Kloster.

Sie mieteten ein Häuschen in einer Straße, und dort leben sie jetzt zusammen mit einem kleinen Jungen, der aussieht wie seine Mutter, und einem Mädchen, das dem Opa ihres Vaters ähnelt. Der kleine Junge heißt Piet, das Mädchen Truus. Und jeden Morgen, wenn sie aufstehen, gehen sie zu viert in ihren Garten, der so hoch ist wie der Himmel, stellen sich im Kreis auf, nehmen sich bei den Händen, sagen »Guten Tag« und »Danke« und schicken der Reihe nach ein Augenzwinkern zum Himmel.

Scherpenheuvel ist der meistbesuchte und wichtigste Marienwallfahrtsort Belgiens. Der Ursprung verliert sich im dunklen Mittelalter. Wahrscheinlich ist Scherpenheuvel, gelegen am Weg zwischen Diest und Aarschot, schon seit dem dreizehnten Jahrhundert ein beliebter Wallfahrtsort für Millionen Menschen. Auf dem scharfen Hügel zwischen Diest und Zichem stand einst eine Eiche, die im Mittelalter ein Objekt der Verehrung war. Bei diesem Baum wurde Heilung von allerlei Qualen gefunden. Im fünfzehnten Jahrhundert platzierte man in die Eiche ein Marienbild, das irgendwann gestohlen und 1587 durch einen Klon ersetzt wurde.

Ich sitze auf einem einfachen Korbstuhl in der Basilika Unserer Lieben Frau von Scherpenheuvel vor einem Altar, wo zwölf Kerzen in kristallsilbernen Leuchtern an der Seite einer kleinen schneeweißen Gestalt stehen. Das zierliche Bild von dieser lieben Frau. Weiße Lilien an ihren Füßen, über ihr ein Baum des Lebens, heilige, dunkle Malereien, betende Menschen.

Heute Abend singen wir hier in Scherpenheuvel, einen Steinwurf entfernt von der Stelle, wo so viele Menschen noch glauben, dass die Wunder der Welt nicht vorbei sind. In aller Stille wage ich es, in Gedanken das kleine Geschöpf zu fragen: »Ist Gott die Wahrheit?« In meiner Einbildung antwortet sie: »Die Wahrheit ist die Wahrheit.«

Im Vorderfach meines Geigenkastens liegt neben dem

Blöckchen Harz für den Geigenbogen, einem Reservesteg und einem kleinen Tuch mit einem Fläschchen Geigenpolitur auch ein aufklappbares Hartplastikporträt von Maria. Ein Andenken, das ich vor ungefähr fünfzig Jahren von einer älteren Frau aus Wassenaar bekam. »Für dich«, sagte sie. Jemanden, den man liebt. Sie gab dem kleinen Porträt einen Kuss und reichte es mir dann. Seitdem gebe ich dem kleinen Plastikding vor jeder Vorstellung nun auch einen Kuss und denke an die ältere Frau. An die Frau, die mich einmal von meinem schlimmsten Albtraum befreite. Ich würde es mich nicht mehr trauen, dieses Ritual zu übergehen, ich werde es nie vergessen. Was soll man noch, wenn man keinen mehr hat, der einen liebt? Meine Maria wurde eine kostbare Erinnerung an eine Dame mit silberweißem Haar und Kostüm, die Strümpfe anhatte, mit flachen Absätzen ging, die eine Gouvernante hatte, einen Bentley oder so etwas und in Wassenaar wohnte. Ich gönne jedem so eine Maria.

Während ich dies denke, fahre ich durch unser weihnachtlich geschmücktes Dorf nach Hause, halte vor einem Zebrastreifen, zwei Kinder mit vollen Jumbotassen überqueren die Straße. Ich höre in Gedanken ein Weihnachtslied, das ich einmal in einer eiskalten ostdeutschen Kirche sang.

In diesem Monat, in diesem Wintermonat des Nikolausabends, des Julfestes und Advents, der Schützen und Steinböcke, des heiligen Paars und der unbefleckten Mutter. In diesem Monat, in diesem dunklen Monat von Weihnachten und Kerzen, Stollen, Truthahn, von Stern und Stall, Myrrhe, Weihrauch, Gold. In diesem Monat, in diesem festlichen Monat des Weihnachtsmanns, Knabengesangs, des Oliebollen- und Eintopfessens. In diesem Monat des Kindermordes und Sinterklaas, des Schafes und Ochsen und Esels, der guten Vorsätze und des wilden Lärms.

Hinter mir ertönt ein Gehupe. Ob ich weiterfahren wolle. Ich lasse drei Autofenster runter, stecke meinen Daumen hoch und fahre los. Ich höre aus dem Straßenlautsprecher ein fröhliches »Gloria in excelsis Deo«.

Ich war ungefähr zehn und konnte singen wie ein Mädchen. Ich war im Kinderoperettenklub von Frau de Vries. Nach einer unserer Vorstellungen kam ein Pater von der Vincentius-Kirche aus Wijk C zu mir und fragte mich, ob ich bei ihm in seinem Gotteshaus singen würde.

Meine Mutter hielt nichts davon. Aber nicht genügend »nichts«, um es mir zu verbieten. Wir probten ein paar Mal mit einem Chor und einem Dirigenten. Ich durfte ein ganzes Stück allein singen.

Ave Maria, gratia plena,
Dominus tecum.
Benedicta tu in mulieribus,
et benedictus fructus ventris tui, Iesus.
Sancta Maria, Mater Dei,
ora pro nobis peccatoribus,
nunc et in hora mortis nostrae,
Amen.

Ich bekam eine Gänsehaut. Während der zweiten Probe kam der Pater zu mir und fragte, ob ich Katholik wäre. Aus Angst, nicht singen zu dürfen, sagte ich, dass ich das ganz doll wäre. Und um ihn davon zu überzeugen, erzählte ich, dass mein Opa ein Priester sei.

Nach dem Ende der Messe bekam ich zum Dank einen Stempel von einem Fisch auf meinen Handrücken. »Das ist die Unterschrift von Jesus«, sagte der Pater.

Als ich nach Hause kam, fragte meine Mutter: »Und? Wie war's?«

Ich zeigte meinen Jesusstempel. »Mama, ich bin jetzt Katholik.«

»Na dann, Herr Katholik, hilf mir bitte, die Wäsche reinzuholen, bevor sie Protestant wird.«

Weihnachten ... In die Menschen kam ein großes Wohlbehagen.

Bevor meine Frau und ich den Weihnachtsbaum aufstellen, sprühe ich ihn noch erst mal nass, sehr zur Freude der Nadeln. Zuerst die Lichter, dann die Christbaumkugeln, weiß, silber, rot. Wenn wir fertig sind, geht Gaëtane, so heißt meine Liebste, noch kurz zum Supermarkt Albert Heijn. Ich bleibe allein. Starre auf siebenundsiebzig Weihnachten.

Weihnachten mit vietnamesischen Bootsflüchtlingen in Manila. Unwirklich. Ich nahm als Weihnachtsgeschenke vier mit nach Hause.

Eine Mutter und drei Kinder. Sie wohnten bei uns. Und sie lebten noch lange und glücklich.

Weihnachten auf dem Broadway, die Erwachsenenwelt. Du musst eine Wahl treffen, sagen Theaterinvestoren. Amerika oder Europa? Beides geht nicht.

Weihnachten in den Alpen. Singen, Zuprosten unter schneebedeckten Bäumen. Damals gab es euch da noch, man kann es kaum glauben.

Weihnachten in Island. Musik erklingt in einer Kirche aus Holz. Mit Aussicht auf eine Welt, in der niemand die Tatsache bestreitet, dass da noch Elfen wohnen.

Ich denke an die selbst gemachte Krippe von meinem Opa und meiner Oma. Mit den aus Kastanien gemachten Figuren. Eine Krippe, die im Weihnachtsbaum an den Stamm gelehnt war, an die Stelle von ein paar weggeschnittenen Zweigen.

Der Film in meinem Kopf beginnt zu laufen.

Sie sind in der Stadt gewesen und haben getanzt. Er hat sie dann nach Hause gebracht, sie haben sich auch geküsst. Bald darauf sind sie wieder in der Stadt gewesen und haben wieder getanzt. Er hat sie nach Hause gebracht und danach wieder geküsst. Maria wusste nicht, was sie sagen sollte. Sie ist darauf zu Josephs Haus gegangen und hat lange vor seinem offenen Fenster gestanden.

»Schatz?« – »Ja…« – »Gott will«, sagte Maria, »dass wir, wenn wir einen Sohn kriegen, ihn Jesus nennen. Aber was, wenn es ein Mädchen wird?«

Joseph war ganz überrascht, als er hörte, dass Maria schon schwanger war. Weil er schon einige Zeit mit einem spannenden Plan herumlief. Ende des Films.

Wieder sehe ich die Weihnachtsgeschichte als ein Tableau vivant. Der Esel, der Maria trug, die Jesus trug, der die Welt trug.

»Ich saß mal neben jemandem, der behauptete, dass Jesus nicht am Kreuz gestorben ist«, sagt die schwedische Ärztin Lena Einhorn. Denn ein Mann mit so viel Passion wie Jesus bleibt dem Ort, an dem er eine Mission verfolgt, nicht fern. Man stelle sich vor, dass Jesus mit Pilatus eine

Abmachung getroffen hätte, Israel zu verlassen unter der Bedingung, nie mehr politisch aktiv zu sein oder sich dort nie mehr zu zeigen. Jesus war genügend engagiert, um doch zurückzukehren und sich etwas auszudenken, um seine Mission zu vollenden. Wo war Jesus zum Beispiel all die Zeit zwischen seinem zwölften und dreißigsten Geburtstag? Wie ist es möglich, dass Johannes der Täufer ungefähr gleichzeitig mit Jesus geboren wurde, aber danach schon erwachsen ist, während Jesus noch ein Baby ist? Der Apostel Paulus ist siebzehn auf dem Bild. Wo war er die ganze Zeit?

Wo warst du die ganze Zeit? Der Kastanien-Jesus sagt nichts, auch nicht in meinen Gedanken.

Kastanien-Joseph lässt mich immer an einen Witz denken: Es gibt ein weltberühmtes Buch über ihn. Sein Vater war Zimmermann. Jesus? Nein, Pinocchio.

Zurück in der sicheren Vergangenheit sehe ich, dass Marias Streichholzarm gebrochen ist. Ich ziehe ihn aus ihrem Kastanienkörper und stecke einen neuen hinein. Oma kommt rein, sieht, was ich mache, und sagt: »Jetzt ist die Jungfrau wieder ganz.« – »Jungfrau«?

Maria hat viele Namen. Liebe Frau, die Gebenedeite. Die nicht viel gesprochen hat. Die alles weiß, alles begreift. Die Heilige Jungfrau, Mutter Gottes. Die Erlöste, Verherrlichte, Für ewig Gekrönte, was weiß ich!

Meine Mutter wollte das Mädchen, das sie bekommen würde, Verial nennen. Bis ihr eines Nachts im Traum ihre Mutter erschien, die sagte: »Tu das nicht, Kind! Wenn du ihr diesen Namen gibst, dann wird sie noch nicht einmal zwanzig werden.« Meine jüngere Schwester wurde Maria genannt und ist jetzt beinahe älter als ich.

Morgen werden wir, wenn es die Umstände und Covid erlauben, für unsere Aufführungen proben. Ich öffne meinen Geigenkasten, danach die kleine Klappe des Vorkästchens und küsse meine Plastik. Jemanden, den man liebt.

*Ein Elefant und eine Ameise
gehen nebeneinander
über die Brücke
Sagt die Ameise …*

Elefant

Die Zimmer der Kinder dienen jetzt als Gästezimmer. Nächste Woche bekommen wir Besuch. Ich gehe alles noch einmal durch. Ersetze eine Birne, hänge etwas gerade, decke ein Bett. Finde darunter ein Comicheft, Wikingerkönig *Eric der Normanne*. *Die Wölfe von Scorr*. Als ich es hochnehme, fällt ein Zeitungsausschnitt vom 13. Mai 1959 heraus. Ich lese:

»Das NV-Haus in Utrecht wurde Mittwochabend von einem weißen Wolf regiert. Das bleich aussehende Tier war die Hauptperson in einem litauischen Märchen dieses Namens, das von der Musikschulabteilung des Utrechter Konservatoriums in Operettenform aufgeführt wurde. Prinzessinnen, Elfen, Kobolde und weitere solcher bedeutungsvollen Figuren bevölkerten singend und plappernd die Bühne. Eine auffallend amüsante Leistung brachte Herman van Veen, der sowohl als Sänger, Wolf und Schauspieler sein Männchen stand.«

Ich zähle auf meinen Fingern nach, wie alt ich damals war. Vierzehn. Dass man so jung sein konnte! Ich erinnere mich noch an das weiße Wolfskostüm. Es auszuziehen war einfach, es anzuziehen schwierig. Das lag am Reißverschluss, der durch den weißlichen plüschigen Stoff immer wieder stecken blieb. Und das immer gerade kurz vor der Aufführung. Ich habe damals gelernt, Reißverschlüsse mindestens eine Stunde vor der Aufführung zuzuziehen.

Wenn ich das nicht mache, dann schlägt mir das Herz bis zum Hals.

Ein Menschenkind spielt in einem Märchen im Schnee. Sein Vater und seine Mutter hacken ein paar Meter weiter Holz. Ein Braunbär schleicht wie auf Filzpantoffeln zum Kind, das aufblickt und schreit. Sein Vater und seine Mutter sehen, wie der Bär kurz davor ist, ihr kleines Mädchen zu zermalmen. Da, ein Blitz. Ein weißer Wolf läuft aus dem Wald und springt auf den Bären, der sich brüllend wehrt. Der Mann rennt mit seinem Beil zu dem kämpfenden Duo und schlägt den Bären, wo er ihn erreichen kann. Der Bär ist dem Mann und dem Wolf nicht gewachsen und flieht in die Berge. Der weiße Wolf, mit Augen wie das Meer, sitzt keuchend neben dem Kind. Das Kind schlägt die Arme um seinen Hals. Die Eltern sehen erstaunt auf die Szene. »Darf er bei uns bleiben?« Der Mann sieht seine Frau an. Sie lächelt. »Darf er bei uns bleiben?«, fragt das Kind noch mal. Der Vater nickt. »Wie sollen wir ihn nennen?«, fragt der Vater. Die Mutter blickt gerührt zur Tochter und dem Wolf und sagt: »Hund.«

Ich frage mich, was für ein Hund ich gerne wäre. So ein treuer Vierbeiner wie auf der Titelseite der Tageszeitung? Er wedelt, wie man sieht, einer gepflegten alten Dame zu. Was tun sie in den Nachrichten, der Hund und die Dame? Ich las auf der Titelseite der Zeitung neben Berichten über den Krieg im Irak und in Afghanistan: dass die alte Frau Goedele van Hooydonck ihr Haus in der Antwerpener Ommeganckstraat, Nummer 74, nicht aufgeben möchte. Auch nicht für einen städtischen Zoo, der vergrößert werden soll. Um keinen Preis. Um kein Okapi, keine Giraffe.

Kein Warzenschwein, um keinen Elefanten. Sie bleibt da wohnen. Mit ihrem Hund. Basta! »Wuff«, bellt der Labrador. Er ist total ihrer Meinung. Sie sorgt für mich, ich für sie.

Ein Biologe erzählte von einem Vogel, der in einem Schimpansen-Käfig gegen die Fensterscheibe geflogen und danach bewegungslos auf dem Boden liegen geblieben war. Einer der Affen habe den Vogel aufgehoben, sei vorsichtig mit dem kleinen Tier in seinen künstlichen Kletterbaum geklettert und habe dann den Vogel, nachdem er die Flügel mit seinen geschickten Händen äußerst sorgfältig gespreizt hatte, auf den allerhöchsten Zweig gelegt und gewartet, bis er wegflog.

»Schimpansen«, erzählte der Biologe, »lassen manchmal eine Mahlzeit aus. Sie geben ihr Futter dann kleinen oder kranken Tieren.« Ein junger Schimpanse lässt ältere Schimpansen immer vorgehen.

Ich weiß, dass sowohl in der Bibel, im Buch Genesis, als auch in der Evolutionstheorie von Darwin davon ausgegangen wird, dass der Mensch die intelligenteste aller Spezies ist. Die höchstentwickelte. Ich wage, das zu bezweifeln. Denken Sie an die Genesis. In Windeseile, so erzählt Gottes Buch, vernichtet der Mensch direkt nach seiner Schöpfung das geschenkte Paradies. Blättern Sie in irgendeiner Zeitschrift, und Sie sehen, wie unsere Spezies auch heute wie ein schleichender Virus an der Erde frisst. Was ist daran schlau?

Es gibt auch intelligente, sanftmütige, kultivierte Menschen unter uns. Wissenschaftler, Musiker, Autoren, Dichter, Maler, Ärzte, Lebemenschen, die sich mit der Entwicklung nicht abfinden wollen. Sie geben wie einige Bakterien nicht auf. Sie mutieren, wie wir einst aus den Affen, zu einer anderen Art. Zum Homo spiritualis. Wesen, die alle das Leben lieben wie eine Mutter ihr Baby. Gut, das wird etwas dauern. Wahrscheinlich genauso lange, wie der Mensch brauchte, um aufrecht zu gehen, um Bananen mit einem Stock von den Bäumen zu schlagen. Und um die Geduld zu finden, die Flügel eines verunglückten Vogels sorgfältig zu spreizen.

In der vergangenen Woche war ich im Krankenhaus für einen allgemeinen Check-up. Man weiß ja nie. Alles zum Glück in Ordnung. Auch mein Blut blieb genau wie ich A-positiv. Sollte ich oder sollten Sie zu wenig Blut haben, dann kann eine Transfusion mit Schimpansenblut perfekt funktionieren. Unser Blut ist, wie Peter Singer in dem Essayband *The Great Ape Project* schreibt, ganz das gleiche. Genetisch gesehen scheinen Menschen und nicht zum Beispiel Gorillas oder Schweine die nächsten Verwandten von Schimpansen zu sein. Plus/minus neunundneunzig Prozent unserer Gene entspricht denen der Menschenaffen. Also kann man sagen: Wir sind eine andere Art Schimpansen. Oder: Schimpansen sind eine andere Art Menschen.

Eine Untersuchung ergab, dass Menschenaffen den Menschen auch intellektuell und emotional enorm gleichen. Elemente, die wir als einzigartig erachten, wie Selbstbewusstsein, Fantasie, Zeitgefühl, Anwendung von Sprache und abstrakte Konzepte, sind es offensichtlich nicht.

Tierrechtsphilosophen sind der Meinung, dass Menschenaffen in unsere Gesellschaft der Gleichen aufgenommen werden müssen. Menschenaffen sind aus ihrer Sicht »Personen«.

Ich bin völlig ihrer Meinung. Für mich persönlich ist auch eine Kuh jemand. Man denke nur an ihre großartigen Augen. Und unser Hund und die Katze oder das Kaninchen, das über den Rasen hoppelt. Oder die Arbeitsbiene, die mit Präzision ein architektonisches Wunder erbauen kann. Ganz zu schweigen von Seiner Majestät dem Wasser oder den Lebewesen in den Bäumen und den Pflanzen. Sogar die schleimigen Quallen in der Brandung des Meers, die die nackten Hintern unserer Kleinkinder bedrohen, sehe ich als einen schwammigen Jemand an. Wer behauptet, dass es in einem Stein kein Lebewesen gibt oder elf? Vielleicht sind Hühner verkleidete Engel, hörte ich letztens jemand sich fragen.

In Mâcon in Frankreich wurde im Jahre 585 eine Synode einberufen, um zu entscheiden, ob Frauen Menschen waren. An die dreihundert Jahre später soll laut Überlieferung eine Frau einige Jahre Papst gewesen sein. Papst Johannes der Achte. Es soll so passiert sein: Ihr Vater war ein Mönch, ihre Mutter blond. Sie hütete die Gänse eines Barons. Von diesem hohen Herrn wurde sie vergewaltigt und wurde danach einem Mundschenk geschenkt, der gab sie nach Gebrauch einem Koch, und der Koch gab sie dem Küchenjungen. Dieser, fromm, wie er war, überließ Judith, denn so hieß das Mädchen, einem Mönch. Von ihm bekam sie 818 in der Nähe von Mainz ihre Tochter Johanna, die in dem eiskalten Wasser des Mains getauft wurde. Noch bevor Johanna Zähne bekam, so steht es geschrieben, kannte sie das Vaterunser auf Englisch, Griechisch und Lateinisch. Sie half ihrem Vater, dem Mönch, bei seiner Missionsarbeit. Die Botschaft war einfach: Glaub, oder ich schlag dich tot. Ihre Mutter starb, als sie achtzehn Jahre alt war. Danach wuchs sie auf in Entbehrung, Schönheit und Weisheit und wurde, mittlerweile mit einem Kopf voller Wissen, von dem Mönch als zehnjährige, allwissende Jahrmarktsattraktion eingesetzt. So zogen sie fünf Jahre durch Westfalen. Von Stadt zu Stadt, Burg zu Burg, von Herberge zu Herberge. Als Johanna sechzehn war, starb ihr Vater. Nachdem sie seine Augen geschlossen hatte, ging sie zum Wasser, um ihre tränenüberströmten Augen zu erfrischen. Was sah Johanna im Wasser? Ein Autor beschrieb es folgendermaßen: ein sechzehnjähriges Gesichtchen, rund wie ein Apfel, blonde Haare, Lippen so rot wie die Mitra eines Kardinals und volle Brüste wie von Rebhühnern. Um all dies Schöne zu beschützen, verkleidete sie sich als Mann und floh mit einem Geliebten nach Athen, um dort zu studieren.

Nach einiger Zeit zog sie als junge Gelehrte nach Rom. Man hieß sie da herzlich willkommen, und die Kardinäle bewunderten sie für ihre Gelehrtheit, sodass sie einstimmig zum Papst gewählt wurde. Keiner wusste, dass sie eine Frau war. Bis sie, nach einem Pontifikat von zwei Jahren und zwei Monaten während einer Prozession ein Kind gebar. Sie wurde auf der Stelle totgeprügelt. Möglicherweise ist die Legende als ein Instrument anzusehen, die Entfaltung der Frauen zu verhindern. Frauen wurden im Mittelalter in zunehmendem Maße als eine Gefahr für die Kirche gesehen, weil ihre »Wollust« sie dazu verleiten könnte, einen Pakt mit dem Teufel zu schließen.

Es besteht eine Tradition, die ihren Anfang mit Päpstin Johanna genommen haben soll, zu kontrollieren, ob der künftige Papst ein Mann ist. Der Satz »Testiculos habet et bene pendentes« (Er hat Hoden und sie hängen gut) wurde in diesem Zusammenhang ausgesprochen, falls das tatsächlich der Fall war.

*Es war, als ob etwas weiß und sacht
mir zuwinkte aus der Nacht.*

Mir fällt kurz ein, dass es etwas bedeutet, das Mondlicht auf den Blättern.

Doch es bedeutet nichts, es steht für sich. Adam wunderte sich, als er aus dem Nichts Eva sah, sie glich ihm in vielem und doch auch wieder nicht. Eva hatte zum Beispiel zwei Brüste, und da, wo bei Adam sein Pimmel hing, hing bei Eva nichts. Na ja, ein bisschen, eine Art kleiner Hügel mit etwas Vegetation. Adam musste sich sehr daran gewöhnen. Er konnte nicht aufhören, dort hinzuschauen.

Abends war Eva dabei, sich im Fluss zu waschen, als eine Schlange ihren listigen Kopf durch das Schilf steckte. »Hör mal! Das von den ehh … Äpfeln …«-»Welchen Äpfeln?« - »Die ehh … die dir Gott verboten hat zu essen. Okay. Logisch, wenn du die Äpfel isst, wirst du genauso klug wie Er, wirst du sein Spiegelbild. Dann kannst du auch alles machen.« - »Alles?«, fragte Eva. »Ja, einfach alles. Und dann wird Gott eifersüchtig. Denn dann ist Er nicht mehr der Einzige, der alles kann.« - »Echt, echt wahr?«, fragte Eva. »Sehe ich aus wie eine Lügnerin?«, lispelte die Schlange. Eva stand eine Weile da und grübelte. Sah von der Schlange auf ihre Nägel, von ihren Nägeln auf den Apfelbaum.

Dann stieg sie resolut das Ufer hoch und ging zum Apfelbaum mit den streng verbotenen Äpfeln. Ohne zu zögern, pflückte sie einen Apfel und nahm einen großen saftigen Bissen. In diesem Augenblick kam Adam angelaufen. Er wurde ganz blass um die Nase, als er sah, was Eva gerade aß. Aber er kam zu spät. »Nein, nicht, Gott hat doch gesagt, dass ...«, rief er. »Das ist doch überhaupt nicht wahr!«, rief Eva, und sie erzählte, was die Schlange gesagt hatte. »Du siehst doch, es stimmt gar nicht. Sieh mal.« Sie drehte sich herum, und es passierte nichts. »Die Äpfel schmecken herrlich. Hier, nimm auch mal einen Bissen.« – »Nein, bitte. Nein. Okay.« Adam nahm auch einen Bissen, und dann ... Und dann wurde es auf einmal dunkel, so dunkel wie im Kino kurz vorm Hauptfilm. Es fing an, stark zu wehen, es wurde kalt und kälter. Adam und Eva zitterten, ihnen wurde bang und bänger. Also doch. Hätten sie nur gehört. Sie schämten sich und versteckten sich wie Ameisen unter den Blättern. Würden sie jetzt sterben?

»Ja!« In Gedanken höre ich wieder die strenge Stimme meines Großvaters. »Warum haben sie auch von den Äpfeln gegessen?« Eva erzählte, was die Schlange gesagt hatte. Adam erzählte, was Eva gesagt hatte. Und die Schlange? Die sagte nichts. Die glitt still davon. »Und ich hatte es noch so deutlich gesagt«, sagte Er, »ich kann nicht anders, ich muss euch bestrafen. Ihr müsst fort von hier. In die Welt. Ihr müsst für euch selber sorgen. Dieses Paradies ist jetzt geschlossen, im Lockdown, vielleicht für immer und ewig.« – »Und sterben wir jetzt?«, fragte Eva mit einem kleinen Stimmchen. »Ja«, murmelte Er dann, »nicht sofort, aber viel später, wenn ihr alt seid und ganz viele Kinder habt. Aber hierher zurückkommen, in diesen Garten, in dieses Paradies, das dürft ihr nicht.« Und Er zauberte aus dem Nichts große Stacheldrahtrollen.

Ich weiß noch, dass ich dachte, als ich das Bild von Eva mit dem Apfel in der Bibel sah: schönes Mädchen. Sollte ich mich trauen, sie zu fragen, ob ich ihr nicht fernbleiben muss?

Sehr geehrter nichtexistierender Gott, die Strafe, die Sie den Menschen gaben, wann ist die vorbei? Sie wissen bestimmt, wo ich wohne. »Und ich auch«, zischelte die Schlange. »Nein, nein, nein, das ist keine Schlange. Schätzchen, das ist ein Rüssel, der sitzt fest an einem Elefanten.«

Von allen Tieren finde ich den Elefanten am allerschönsten. Der Elefant übrigens auch.

Ich hatte in den frühen Scheidungsjahren die Kinder mittwochs, samstags und sonntags. Ich weiß deshalb alles über das Delfinarium in Harderwijk, die Zoos in unserem Land, über die Freizeitparks, die Spielzeug- und Eisenbahnmuseen, das Museum Speeldoos tot Pierement, über Kirmesse und Zirkusse. Und vor allem über Elefanten.

Ich sah sie Schwanz in Schwanz schlendern über afrikanische Steppen, Gebirgskämme, sah sie durch Flüsse waten, Fontänen sprühend durch den Schlamm rollen. Ich kriege davon immer feuchte Augen, vor allem beim Anblick der traurigen grauen Kolosse in den Zoos.

»Der Elefant ist groß. Allein schon das ist ein Grund, Elefanten zu lieben. Denn groß ist schön und viel ist gut«, sagt der Biologe Midas Dekker in einem seiner Taschenbücher, »Elefanten sind unverwundbar und verwundbar zugleich. Unverwundbar durch ihre enorme Gestalt, aber gleichzeitig sehr verwundbar durch ihre Trägheit, ihre grobe Mechanik: eingeschränkt durch ihren eigenen Panzer. Man wird sehr nachdenklich bei alten Filmbildern, auf denen ein Elefant ausgerechnet durch die kleinste menschliche Rasse umgebracht wird. Wie Teufelchen tanzen die Pygmäen, die man nicht mehr so nennen darf, um das gigantische Tier, das auch nur zwei Zähne hat und keine Augen auf dem Rücken. Jeder Elefant ist eine potenzielle Titanic. Mit Elefanten nimmt es meistens ein schlechtes Ende.«

Ich schrieb einmal ein Märchen über Alfred Jodocus Kwak und König Sam.

»Warum weinst du so?«, fragte Alfred Jodocus Kwak den Zirkuselefanten Sam. »Ich weine, weil mein Bruder in Hotsknotsbotswana von Wilderern totgeschossen und gehäutet wurde.« – »Oje, oje. Warum sollten sie das tun?« – »Wegen seiner Stoßzähne. Es gibt Tiere, die glauben, dass man, wenn man die Stoßzähne pulverisiert und das Pulver schnüffelt ...« – »Dass man was?« Aber Sam konnte vor Kummer nicht mehr weiterreden. Die Neugier des Schurken Dolf der Krähe, der rein zufällig das Gespräch mitgehört hatte, war geweckt. Stoßzähne? Pulver? Wilderer? Was Alfred nicht wusste, war, dass Sam der Bruder des Königs von Hotsknotsbotswana war und dass jetzt der Zirkuselefant seinem Bruder als König nachfolgen musste. Dolf sah jetzt interessante geschäftliche Möglichkeiten.

Ich lese, dass in der Zeit von Hannibal Menschen meinten, mit Elefanten Krieg führen zu können. Auf dem Schlachtfeld behielten die Tiere allerdings selten, zu welcher Partei sie gehörten. Freund und Feind wurden zusammen zertrampelt. Für einen Elefanten gibt es nur eine Partei: den Elefanten. Aber eine Hilfe war das Zertrampeln nicht. Es gab immer einen Sieger, der die Elefanten umbrachte oder klaute. Später drehte sich alles vor allem um das Elfenbein. Manche komischen Typen glauben zum Beispiel, dass der Pimmel länger nach oben zeigt, wenn man gemahlene Elefantenstoßzähne schnüffelt.

Ich nenne die Elefantin in folgender wahrer Geschichte Els. Mutterelefant Els. Und das ist passiert: Elefantin Els, die in einem Safaripark wohnte, bekam eine Tochter vom Elefantenvater Heinz. Als die Tochter groß genug war, hievten die Zoowärter sie mit einem Hebekran aus dem Gehege und ließen das Elefantenmädchen Hunderte Kilometer weiter in einem anderen Zoo wieder frei. Mutter Els war untröstlich. Sie stand mit ihrer Herde von Schwestern, Töchtern und Nichten kopfschüttelnd vor dem Zaun und trauerte. Aus irgendeinem Grund wurde dreißig Jahre danach beschlossen, dass Els' Tochter zurück zu ihrer Mutter gebracht werden müsste. Von dem Moment an, in dem die mittlerweile erwachsene Tochter von Els wieder in einen Lastwagen geladen wurde, trottete Els zum Zaun, weil man sie in Elefantensprache darüber informiert hatte, dass ihre Tochter zurückkommen werde. Und sie wartete zwei Tage lang am Zaun. Und sie trompetete mit ihrem Rüssel vor Glück, als ihre Tochter wieder nach Hause kam.

Früher dachten die Menschen, dass Tiere keine Gefühle hätten. Tiere würden nur einen Instinkt haben, aber keine Emotionen kennen. Zum Glück ist dieser Glaube überholt. Elefanten fühlen Freude, Leid, Wut, sogar Verliebtheit. Sie helfen einander. Wenn ein Familienmitglied stirbt, decken Mütter das Tier mit Zweigen zu.

Ich habe das Privileg, viel reisen zu können. Ich kann

durch Singen Flugtickets nach Afrika kaufen. Ich war da oft in Safariparks, wie man sie nennt. Paradiese mit einem Zaun drum herum. Ich wünsche Ihnen eine solche Erfahrung. Und wäre es nur deshalb, um zu lernen, dass wir Menschen auf der verkehrten Seite der Zäune leben.

*Das Weltall ist gewoben
von einer Mutterspinne
aus zitternden Fäden
der Zeit*

Das Meer

Alfred Jodocus Kwak hatte eine Erkältung erwischt. Der Doktor hatte gesagt: »Ein paar Tage in den Bergen würden dir guttun.« Und Alfred hatte auf ihn gehört. An dem Tag, an dem er nach Hause wollte, fiel ihm eine Schneeflocke auf den Schnabel. »Huch«, sagte die Schneeflocke. »Wer bist du?«, fragte Alfred. »Wo willst du hin?« – »Ich bin Sterre, die Schneeflocke. Ich gehe zu meiner Mutter.« – »Zu deiner Mutter?« »Ja, meine Mutter ist das Meer.« – »Deine Mutter ist das Meer? Darf ich mitkommen?« – »Ja, aber schnell.« – »Schnell?« – »Ja, ich will hier nicht schmelzen.«

Die Wendung »Meeresstern« ist in den katholischen Gottesdienst gekommen durch den heiligen Hieronymus. Er deutete den hebräischen Namen für Maria, »Maryam«, um in *stilla maris* (»Meerestropfen«), woraus später *stella maris* wurde, Stern des Meeres, nach dem wiederum später eine Biermarke benannt wurde.

Wie das, was nicht wahr sein kann, wahr wird, deine Welt stillsteht und sich doch weiterdreht, wie du, überfragt, nicht mehr aufhören kannst zu reden, wie das, was nur anderen passiert, dir widerfährt, die Gespenster in deinem Kopf mit ihrem Fragebogen kommen, du auf einmal begreifst, sie geht verloren, die Zeit. Es lässt sich weder erklären noch verstehen, weg ist weg ist weg. Nichts hilft in diesem Moment, kein Trost, kein Gott, keine Reue.

Ich hatte noch nie das Meer gesehen. Auf Bildern, Kalendern und Ansichtskarten schon, aber nie mit Gerüchen und Farben. Die Düne ist zu niedrig, um das ganze Meer zu überblicken. Wie hoch muss man stehen? Wie sehe ich den Anfang? Wo ist das Ende? Wird wohl in der Mitte sein. Dort gibt es natürlich eine Unterwasserfontäne.

»Papa, weißt du, wo der Anfang des Meeres ist?« Mein Vater blickte aus dem Strandkorb von seiner Zeitung auf. Deutete nach oben. »Ich sehe nichts.« – »Was siehst du?« – »Nichts.« – »Doch. Was siehst du da treiben?« – »Da treiben? Wolken.« – »Genau. Da kommt das Meer her. Die Mutter des Meeres sind die Wolken, und umgekehrt ist die Mutter der Wolken das Meer.« Ich wusste nicht, ob ich es richtig verstand. »Ja, aber nicht heute«, fuhr mein Vater fort, »laut dem Enkhuiser Almanach bleibt es heute trocken.«

Wir kletterten langsam durch den lockeren Sand nach oben auf die Düne. Was ich dann sah, habe ich niemals mehr vergessen. Dass das Meer so groß war, wie hätte ich das wissen können. Das Meer hörte nicht auf, nirgendwo, war überall. Es passte nicht mal in meine Augen.

Ich konnte es nicht erwarten, auf dem Strand meinen neuen Drachen aus dünnen Bambusstöckchen und feiner Baumwolle steigen zu lassen. Fantastisch, nichts riss, nichts brach. Der Drachen schwebte und machte Sturzflüge über die Brandung wie ein großer Vogel. Das Seil zitterte stramm in meiner Hand. »Herman, Herman, willst du ein Eis?«, schrie meine Schwester von der Düne herab.

»Ja, aber ich kann nicht weg. Ich bin beim Drachenfliegen.« – »Binde den Drachen an das Halsband des Schäferhundes. Er ist stark genug.« – »Sitz, bleib! Bin gleich wieder da.« Ich rannte zum Eismann. Leckte am Eis, so schnell ich konnte. Offensichtlich nicht schnell genug. Den Drachen haben wir am Mittag beim Leuchtturm wiedergefunden. Vom Schäferhund keine Spur. Dem Wind konnten wir keine Schuld geben.

Im Zelt hinter den Dünen konnte man das Meer noch hören. Es war immer da. Das Licht des Leuchtturmes strich über die Zeltdächer. Abends hörte man die Seeländer.

Wir sahen uns die Fischerfrauen mit ihren weißen Hauben und ihren schwarzen Capes an. Bewunderten ihre flinken Hände, die Fischernetze flickten, wobei sie Lieder sangen vom Warten, dem Wind in den Segeln, von Hoffnung, alle Mann an Deck! Und vom Nachhausekommen. Das alte Lied von Stavoren.

Es war einmal eine reiche Hansestadt namens Stavoren aan de Zee. Der reichste Mensch der Bürgerschaft war eine bildschöne Witwe. Eines Tages schickte sie einen ihrer Schiffer auf die Reise mit dem Ziel, für sie das Allerallerkostbarste, das es gab, zu suchen. Der Schiffer fuhr um die ganze Welt, aber er konnte nichts finden, was die Witwe nicht schon besaß. Bis er in Danzig an der Ostsee goldgelbes Getreide fand, das prächtiger war, als er jemals gesehen hatte. Dies musste das Kostbarste auf der Erde sein, dachte er. Er lud sein Schiff damit voll und segelte guten Mutes zurück nach Stavoren. Dort fand die Witwe das Getreide nicht einmal für ihre Schweine gut genug, und sie befahl dem Schiffer, das Getreide ins Meer zu schütten. Ein uralter Bettler flehte die Witwe an, die Entscheidung zurückzunehmen. »Tun Sie das nicht, meine Dame. Wenn Sie es tun, dann werden Sie einmal so arm werden wie ich.« Mit einem spöttischen Lächeln zog die hochmütige Frau einen goldenen Ring vom Finger und warf ihn in das Wasser vom Hafen. »So gering die Chance ist, dass dieser Ring wiederkommen wird, so gering ist die Chance, dass ich arm werde.« Doch schon am folgenden Tag fand die Dienstmagd den Ring im Bauch eines Fisches, und bevor die Witwe sich von dem Schrecken erholt hatte, bekam sie eine Hiobsbotschaft nach der anderen. Ihre Schiffe versanken, ihre Lager gingen in Flammen auf, und das ganze Land, das sie hatte, wurde vom Meer verschlungen. Sie wurde auf der Stelle hässlich und so schnell arm, dass sie für ein Stückchen Brot betteln gehen musste. Und auf dem Platz, auf dem das Getreide ins Meer gekippt worden war, entstand eine enorme Sandbank, die den Hafen von Stavoren und das Meer bis zu Harderwijk, Soest und Amersfoort unzugänglich machte. Ja, einst lag Soest, der Ort, in dem wir wohnen, am Meer. Deshalb heißt es jetzt hier Zuhause.

Eines Abends bekamen mein Vater und meine Mutter Streit im Zelt. Mein Vater ist damals wieder mal für immer fortgegangen. Meine Mutter war überhaupt nicht unglücklich. Als meine Schwestern in Panik fragten, warum sie nicht unglücklich war, sagte sie, dass er sowieso wiederkommen würde. »Wieso bist du dir so sicher?« – »Seine Schuhe stehen noch da. Vater hat nur Socken an den Füßen.« Als er wiederkam, zankten sie sich noch ein bisschen. Danach durften wir noch vor dem Zelt im Gaslicht der Butanflasche Monopoly spielen. Mein Vater und meine Mutter wollten etwas früher ins Bett.

Am nächsten Tag war herrliches Wetter. Pa ging fröhlich zum Fischen, Ma schön schlafen am Strand. Wir schippten Vogelsand über sie. Und gingen dann Garnelen suchen. Danach gab es ein Problem. Wir hatten Mama verloren. »Papa, wir haben Mama begraben, aber wir können sie nirgendwo mehr finden.« Mein Vater hat dann den Hirtenhund des Bademeisters an einer noch ungewaschenen Unterhose von ihr schnuppern lassen. Wir fanden unsere Mutter, kurz bevor die Springflut kam. Mit einer Qualle auf ihrem Gesicht, einer Krabbe in einer Achselhöhle und einer Garnele, das schwindele ich dazu, in ihrer Muschel. Aber wunderbar ausgeschlafen.

Und die Mütter kucken,
Väter fischen,
während wir
Sandburgen bauen.
Die Wellen
finden kein Ende.
Ein Drachen
mit einem Schwanz
aus Zeitungspapierschleifen
schwebt zwischen
dem Kreischen der Möwen.
Eine schwache Sonne scheint,
jemand lehrt ein Kind zu laufen.
Ein alter Mann
mit hochgekrempelten Hosenbeinen
geht ein Eis kaufen.

Im Transistorradio
schreit jemand
sein Herz
von innen nach draußen.

Es folgt eine Bekanntmachung des Staatlichen Informationsdienstes. Sie betrifft die sehr schweren Stürme aus Südwest und das extreme Hochwasser. Wir fordern alle Nord- und Südholländer auf, in die Schweiz zu fahren und sich in Zürich, Zug, Bern und Luzern registrieren zu lassen. Alle Groninger, Drenther und Overijsseler bitte auf dem schnellsten Weg nach Schwyz, Uri und ins Tessin. Alle Utrechter und Gelderlander nach Glarus, Sankt Gallen und Jura. Die Zeeuwen nach Aargau oder Thurgau. Alle Friesen wie der Blitz nach Neuenburg, Waadt, Freiburg und Wallis. Die Amster- und Rotterdamer nach Graubünden und jeder mit blauem Blut nach Tirol. »Seitdem der Ozean aus dem Wasserhahn kommt, haben wir den Überblick verloren«, murmelte der Installateur. Für das Steigen des Meeresspiegels spielt das Schmelzen der Eisdecke des Nordpols keine große Rolle: Das sind treibende Eisschollen, und dadurch nehmen sie im Meerwasser schon Raum ein. Denke ich mal. Allerdings bedeutet das Verschwinden von Eis und von Schnee, der darauf liegt, dass die Erde ein bisschen dunkler wird und sich dadurch stärker erwärmt.

Inzwischen behalten Wissenschaftler für uns das arktische Eis genau im Auge: Totales Schmelzen würde schlimme Folgen haben für die lokale Ökologie, aber auch für die Erwärmung, weil dunkles Wasser mehr Wärme absorbiert und so zu weiterer Erwärmung beiträgt.

»Opa, wo kommt das Leben her?« – »Tja, mein Junge, was soll ich sagen? Erst mal müssen wir dafür sorgen, dass du einundzwanzig bist. Bleib so sitzen, wie du sitzt. Wenn du dich rührst, klappt es nicht. Hokuspokus einundzwanzig. Hör zu, junger Mann. Du fragtest also: Wo kommt das Leben her? Früher dachte man, dass ein Übergott für das Leben auf der Erde verantwortlich war. In großen Teilen von Europa, Nord- und Südamerika, Asien und Afrika denkt man das noch immer. Jetzt wirst du fragen: Aber wer erschuf dann den Schöpfer? Und so weiter. Okay, das ist geklärt.

Viele Religionen heute und in der Vergangenheit haben von ihrem spezifischen Gesichtspunkt eine Antwort darauf gefunden. In den meisten Fällen war ein einziger (Ober-)Gott für das Leben auf der Erde verantwortlich. Von dem Augenblick an, in dem das Christentum im Jahre 380 zur Staatsreligion des Römischen Reiches wurde, war in Europa der Gott der Bibel das A und O des Lebens. Und das ist Er in großen Teilen von Europa, Nord- und Südamerika und Afrika noch immer. Denn wer oder was erschuf den Schöpfer? Und wer den Schöpfer des Schöpfers? Und so weiter und so fort. Das müssen dann noch allmächtigere Entitäten gewesen sein, wenn es eine Steigerung von allmächtig geben würde. Die oft gehörte Lösung des Problems ist: Der Schöpfer ist ewig, hat immer existiert und wird immer existieren.

Vorläufig lautet die Antwort der Wissenschaft auf die Frage nach dem Ursprung des Lebens: ›Das wissen wir noch nicht.‹ Es wird angenommen, dass organische Materie (Leben) aus anorganischer Materie (Nicht-Leben) entstanden ist, vermutlich durch das, was eine ›chemische

Evolution‹ genannt wurde. Das kann auf der Erde geschehen sein, aber auch anderswo im Weltall, wonach es zum Beispiel durch einen eingeschlagenen Meteoriten oder Asteroiden auf die Erde gelangte. Der Beweis dafür muss noch geliefert werden. Das kann man nachlesen in *Tim und Struppi*, wo genau, habe ich vergessen. Die Frage nach dem Beginn des Weltalls (also, was war vor dem Urknall?) scheint noch etwas schwieriger zu beantworten als die nach der chemischen Evolution: Das Universum, so nimmt man an, ist aus dem Nichts entstanden. Diese wissenschaftliche Theorie wird ziemlich eindeutig erklärt von klugen Köpfen wie Stephen Hawking und Lawrence Krauss.

Es ist schön gewesen. Ich zaubere dich jetzt wieder zurück zu sechzehn Jahren. Entspann dich. Gut, meiner Meinung nach kommt alles Leben aus Mutter Meer. Und das Meer missbrauchen wir heutzutage als Mülltonne.« Den letzten Satz murmele ich mehr für mich selbst.

Das Steigen des Meeresspiegels vor der niederländischen Küste kann extremer werden als gedacht. Wenn der Ausstoß von Treibhausgasen unvermindert zunimmt, ist ein Anstieg von 1,2 Metern bis zum Jahr 2100 (im Vergleich zum Beginn dieses Jahrhunderts) vorstellbar. Früher war es undenkbar, dass der Meeresspiegel mehr als einen Meter steigen würde.

Das steht im *Klimaatsignaal'21*, einem Bericht, in dem das Königliche Niederländische Meteorologische Institut (KNMI) ausgewertet hat, was der maßgebliche IPCC-Klimabericht von diesem Sommer für die Niederlande bedeutet. In dem IPCC-Bericht stellten Hunderte von Wissenschaftlern auf der ganzen Welt fest, dass die Klimaveränderung schneller fortschreitet als je zuvor.

Laut der Lehrerin meiner Enkelin kommt der Strand von selber zur Straße, in der du wohnst. Dann kannst du später, wenn du groß bist, barfuß im Wasser zur anderen Seite patschen.

In Gedanken sehe ich jetzt die Dächer meiner Jugend, bei uns gegenüber in der Kievitdwarsstraat. Vor dem Sonnenuntergang flogen da im Sommer die Fledermäuse wie Schwalben herum. Sie zu zählen, war unmöglich, schon gar, sie zu fangen. Manchmal fand man eine schlafend im Holz eines morschen Fensters und sah ihr Herzchen klopfen. Nicht anfassen, sagte meine Mutter. Fledermäuse haben eine Sorte Flöhe, die schlecht für Menschen sind.

Französische Wissenschaftler fanden neulich bei einer Population Hufeisennasen-Fledermäuse ein Coronavirus, das zu 96,8 Prozent mit SARS-CoV-2, dem Coronavirus, übereinstimmt. Aller Wahrscheinlichkeit nach ist er über ein mehr mit dem Menschen verbundenes »Zwischentier«, wie zum Beispiel den Nerz, die Zibetkatze oder das Schuppentier, ins chinesische Wuhan gekommen. Eine kanadische Untersuchung ergab, dass während des ersten Ausbruchs in Wuhan in hohem Maße Schwarzhandel mit den Tieren betrieben wurde. Fledermäuse sind berüchtigte Träger von Viren. Wenn einer heute die Frage nach dem Wie und Warum stellt, dann lautet vielleicht die richtige Antwort: Es fiel ein Fledermausschiss in unsere Hühnersuppe.

Wie teuer
ist
ein Küsschen?

Die Leihmutter

Die Hotelbar war so gut wie verlassen. Ich saß auf dem Rand meines Barhockers und unterhielt mich mit meiner toten Mutter über die Relativität von Schwestern. Eine Dame auf hohen, zwickenden Hacken, schon lange keine zwanzig mehr, nahm neben mir Platz und fragte: »Bist du zu spät gekommen?« – »Vielleicht«, sagte ich. Sie flüsterte: »Du weißt doch, dass ich die Liebste bin.« – »Darf ich fragen, wie Sie heißen?« – »Claire …«, sagte sie lächelnd. »Hallo, Claire.« Sie ergriff mein Weinglas und goss den ganzen Inhalt in ihr Glas, nahm ein Schlückchen, hob den Blick, senkte ihn dann und glitt mit ihrer freien Hand in meine Hosentasche. Sie kitzelte mit zwei Fingern meine Eier und gab mir danach einen gewagten Kuss.

Mehr weiß ich nicht mehr. Wir haben in unserem anderthalb Kilo schweren Gehirn eine elektronische Datenverarbeitung von sechsundachtzig Milliarden Neuronen, die blitzschnell in Form von elektrischen Impulsen hin- und herschießen. Da oben kann viel schiefgehen.

»Mata Hari unter dem Hammer. Irgendwo auf einem Dachboden ist eine Schachtel mit Sachen der vermeintlichen Spionin und Tänzerin gefunden worden. 2017 wurde vom Amsterdamer Auktionshaus De Zwaan eine Anzahl persönlicher Gegenstände von Margaretha Zelle alias Mata Hari versteigert, darunter Schmuck und Unterwäsche. Gesamterlös: Siebzehntausend Euro. Fast das Zehnfache des Schätzwertes«, lese ich in der Zeitung. Ich schrieb über diese Frau aus Friesland das Theaterstück *Schuldig oder naiv?,* weil ich nach der Lektüre vieler Bücher über diese Dame der Meinung war, dass Mata Hari in erster Linie der Naivität schuldig gewesen ist und von den Medien und der Politik als pikante Ablenkung gebraucht wurde. Wie man in einem solchen Fall dann sagt: »Eine teure Hure, die wohl, weil sie doch … es kann ja nicht anders sein. Hab ich immer schon gedacht.« Dass Bewunderung in Hass umschlägt, das gibt es seit jeher. Oder, wie der Soziologe Abram de Swaan sagt: »Bewunderung ist nichts anderes als domestizierte Missgunst.« Es gab, es gibt keinen echten Beweis. Ich falte die Zeitung zu und denke an Tante Ella.

Meine Mutter war mit zwei Frauen befreundet, die wir heute Sexarbeiterinnen nennen. Eine war eine gute Freundin, die bezahlte Liebe als Liebhaberei betrieb, eine enthusiastische Hobbyistin. Die andere war eine gute Bekannte, die eine Professionelle war. Sie wohnte zwei Laternenpfähle weiter oben auf unserer Seite der Straße. Ich nenne sie in dieser Version der Geschichte Tante Ella.

Alle Frauen in unserer Straße nannten wir Tante. Tante Tbc wohnte in einer Scheune hinten im Garten von Tante Scherenschleifer. Da durften wir als Kinder nicht hin, da konnte man sich anstecken. Es gibt nichts Neues unter der Sonne. Tante Jesses-Maria-und-Joseph! war Witwe. Nicht dass sie das war, aber sie wollte nichts mehr von ihrem Mann Koos, dem Straßenarbeiter, wissen. Koos war fremdgegangen mit Tante Pferdeschlachter. Für sie war mein Onkel Koos gestorben. Die Tante hatte, nachdem sie den Ehebruch entdeckte, alle Sachen von Koos aus dem Fenster geschmissen, auch seine ganze Briefmarkensammlung. Onkel Koos war dann als Kostgänger bei Tante Lumpenschneider gestorben. Unsere Tante Anna nannten wir Tante Fingerhut. Sie machte aus alten hässlichen Kleidern neue hässliche Kleider. »Mein Junge«, sagte sie an einem Samstag, »mein Bügeleisen ist kaputt, und ich habe kein Geld für ein neues. Komm, Junge. Es könnte sein, dass ich dir gleich eine Frage stelle, wenn ich das tue, sagst du dann bitte ›Nein‹?« Wir machten uns auf den Weg in die Galeries Modernes in Utrecht. Ich sah, wie sie da eine Schachtel nahm, in der ein nigelnagelneues Bügeleisen steckte. Sie ging entschlossen zur Kasse: »Junge Frau, dieses Bügeleisen hatte ich meiner Schwester zum Geburtstag gekauft, aber ihr Mann hatte auch eins gekauft. Und sagen Sie selbst, was soll man mit zwei von diesen Bügeleisen anfangen? Darf ich dieses zurückgeben?« – »Kein Problem, haben Sie den Kassenbon noch?« – »Herman, hast du noch den Kassenbon?« – »Sie haben keinen Kassenbon? Tja, dann können wir Ihr Bügeleisen leider nicht zurücknehmen.« – »Schade. Dann nehme ich es wieder mit nach Hause.«

Tante Ella praktizierte zu Hause. Ich schrieb einmal ein Lied darüber: Ein Mal klingeln – Kunde, zwei Mal klingeln – Stammgast, drei Mal klingeln – Frau, vier Mal klingeln – Familienmitglied, fünf Mal klingeln – ich mit der Zeitung. Sie war eine Kreuzung aus dem Filmstar Doris Day und einem Pudel. Sie hatte besondere Augen. Grünlich wie ein seltsames Tier. Sie trug meistens Schwarz mit etwas Rotem. Oft einen engen Bleistiftrock mit Schlitz und Nylonstrümpfe mit einer Naht über der Wade. Strapse. Ihre Brüste trieben wie zwei Kinderköpfchen in einem

U-Boot-Ausschnitt. Schlanke Fesseln, ein unwahrscheinliches Lachen, Augenaufschlag wie eine Eule, HEMA-Haarlack, Bienenkorbfrisur mit Pony. Roch immer nach einem Hauch Schweiß. In meinen Pubertätsjungenträumen ging ich regelmäßig als der große unbekannte Stille zu ihr. Ich habe auf diese Weise öfter mit ihr geschlafen als mancher Kunde. In diesem Traum kam mir einmal auf der Treppe Max entgegen. Er war auch verliebt in Ella. Wir haben auf der Treppe gekämpft wie zwei läufige Kater. Ich verlor, weil Max träumte, er wäre Filmheld Eddie Constantine.

Ella hatte eine Schwäche für weiße Pudel, ihr Haus stand ganz im Zeichen des Pudels. Dort hingen Gemälde mit Pudeln, Vorhänge mit Pudeln, Geschirrtücher, Handtücher, Waschlappen mit Pudeln, Pudelkissen, eine Pudel-Teemütze, und sie trug Pudelpuschen. Ella glich ihren Pantoffeln. Über ihrem Kamin hing eine Reproduktion von Mata Hari mit einem Pudel. Das erklärt vieles.

Bevor ich mitbekam, was Ella machte, klingelte ich einmal bei ihr, um den Abonnementbeitrag für die Zeitung einzukassieren. Da kam zufällig mein Freund Robbie vorbei und rief: »Hurenbock!« Ich verstand das nicht. Sprach mit meinem Vater darüber. »Herre, Ella ist lieb zu unglücklichen Männern und nimmt dafür Geld.« – »Also so was Ähnliches wie ein Doktor?« – »Genau, mein Junge.«

Tante Ella hatte keine Kinder, also wurden meine Schwestern und ich aus Mutters Freundlichkeit manchmal an sie ausgeliehen. Zur Geselligkeit oder für einen Job.

»Herman, gehst du mal bitte ans Telefon?«, rief Ella. »Ich sitze auf dem Klo.« – »Tante, es ist ein Kees.« – »Sag ihm, dass ich in ihn für fünfundzwanzig Gulden verliebt sein kann, und für fünfunddreißig Gulden spiele ich auch Blockflöte.« Ich verstand es immer noch nicht.

Es war Sommer. Tante Ella hatte einen Kunden, der einmal pro Jahr vorbeikam, weil er beim Zirkus arbeitete. Der Mann stand darauf, Durchschnittsfamilie zu spielen. Nach dem Lieber-Gott-segne-diese-Speise-Amen ging er ins Bett, gefolgt von Tante Ella in einem Baby Doll. Wir, die sogenannten Kinder, waren dann fertig und durften wieder nach draußen. Das traf sich gut, wir wollten uns in den Zirkus hineinschleichen, weil wir die uns versprochenen Karten nicht bekommen hatten.

»Sie suchen Jungs, die im Tausch für Freikarten mithelfen, den Zirkus aufzubauen«, sagte mein Freund Jan, »kommst du mit?« In dem Moment, in dem das Zeltseil hochgezogen werden sollte, kamen Jan und ich auf dem Utrechter Neude-Platz an. Wir mussten sofort an die Arbeit. Mit mindestens fünfundzwanzig Mann zogen wir wie die Galeerensklaven in *Ben Hur* Stück für Stück das riesige Zirkuszelt um die schon aufgebauten Tribünen hoch. »Eins, zwei, eins, zwei!«, schrie ein Gigant von einem Kerl mit einem Schnurrbart wie ein Walross. Ich glaube, es war ungefähr sechs Grad über null, doch der Typ brüllte mit entblößtem Oberkörper. Er hatte einen ungeheuren Bauch, den er offensichtlich auf seinem Schambein festgenietet hatte. Als das Zelt stand, wurde applaudiert.

Überall Betriebsamkeit. Pferde wurden gestriegelt, Seehunde bekamen Fisch. Braunbären Fleischstücke, Elefanten wurden angekettet, Löwen brüllten, Akrobaten spannten Kabel zwischen Masten, Kleinwüchsige bauten die Kasse auf und danach einen Triumphbogen mit Lämpchen, unter dem noch am gleichen Abend das hochgeehrte

Publikum gehen würde. »He Jungs!«, rief eine Frau, die ein bisschen meiner Tante Jans ähnelte. »Helft ihr mir mal eben mit der Kiste?« Wir schleppten sie in einen Wohnwagen, in dem es innen so zirkusecht aussah, dass es irreal wirkte. Auf einem Kästchen stand eine Glaskugel. Sollte die Frau Wahrsagerin sein? Sie schien meine Gedanken gelesen zu haben. »Nein«, sagte sie, »die Kugel benutze ich für die Rechnungen, damit sie nicht wegwehen. Die Zukunft sehe ich in den Teeblättchen. Danke. Ach ja, kannst du mir noch kurz mit der Wäsche helfen? Alles, was im Korb liegt, musst du zum Trocknen aufhängen. Wäscheklammern liegen da.« Sie steckte sich eine Zigarette an. »Auch eine?« Ich hätte besser nicht Ja gesagt. Rauchen musste man offensichtlich geübt haben. Sie musste über meinen Hustenanfall schrecklich lachen. »Wie heißt du? Gehst du noch zur Schule? Was willst du werden?« – »Auf alle Fälle etwas mit Musik.« Der Mann mit dem Schnurrbart kam herein. Wasser lief ihm die Schläfen entlang. »Hast du Kaffee?« – »Nein, aber der ist schnell gemacht. Das ist mein Assistent«, sagte sie, während sie mir zuzwinkerte und anfing, an einer Kaffeemühle zu kurbeln. Der Mann holte keuchend einen Koffer aus einem Schrank und machte ihn auf. Ich sah eine rote Perücke, allerlei Schuhcremedosen und eine Handvoll Clowns-Nasen mit einem Gummiband. »Sind Sie …?« Der Mann zog eine Augenbraue hoch. »Was meinst du?« Ich finde Clowns unheimlich, dachte ich. Aber so etwas konnte man natürlich nicht sagen, wenn man einem gegenübersaß. Ich hatte, als ich klein war, von meiner Tante Rico eine Puppe bekommen. Einen Clown aus Holz, eine Marionette, die ich unter meinem Bett versteckt hatte, weil ich fand, dass sie gruselig blickte. »Kommst du zur Vorstellung?« – »Wenn wir Karten bekommen.«

Direkt vor dem großen Finale wurden wir erwischt. Ich wurde am Schlafittchen gepackt und von einer kräftigen Männerhand nach draußen geschleppt. »Und wen haben wir denn hier?«, fragte ein Mann den Typen, der mich gefangen hatte. Ich wurde ans Licht gezerrt und angestarrt von Tante Ellas Zirkuskunden. »Mein Sohn«, sagte er verwirrt.

»Mama, wir haben uns in den Zirkus geschlichen. Da waren Elefanten, die in meine Ohren trompeteten und auf ihren Hinterbeinen stehen konnten. Seehunde, die Volleyball spielten, ein Löwenbändiger ohne Bein, Tiger, die durch brennende Reifen sprangen, wirklich wahr, und Akrobaten. Da war ein Messerwerfer, der mit seinen Messern auf einen Apfel auf dem Kopf eines Schneewittchens im Bikini zielte. Und danach schoss er mit Pfeil und Bogen Engelchen, die durch die Luft schwebten, vom Himmel. Ein Mädchen in meinem Alter, das mit einem kleinen Schirm aus Schmetterlingen über ein Seil ging, das an der Sonne und dem Mond festgemacht war. Sie stürzte nach unten und fiel in ein Netz, und danach landete sie wieder auf dem Seil. Und eine Schlangenfrau, sie konnte aus ihrem Körper einen Knoten machen. Da waren Cowboys und Indianer mit einer Postkutsche.« – »Waren da keine Clowns?« – »Doch, aber die fand ich unheimlich. Außer einem, der von ganz hoch in einen Eimer Wasser tauchte.«

Danach erzählte mir mein Vater einen Witz von einem Clown im Krieg: Der Clown, der Clown da in der Manege ist ein Jude!, schrie jemand im Publikum. Kurz darauf kamen Männer in Uniformen herein. Einer überreichte dem

Clown einen Haftbefehl. Mit zitternden Händen riss der Clown den Briefumschlag auf. Tränen liefen ihm über die Wangen. Ein Mädchen in der ersten Reihe rief: »Clown, Clown, warum musst du jetzt weinen?« Der Clown sah sie an und sagte: »Ich kann nicht lesen.«

Anmerkungen

Einige Fragmente dieses Buches finden sich in ähnlicher Form in Hermans Büchern *Bevor ich es vergesse, Erinnerte Tage, Solange es leicht ist* und *Es regnet im Radio*.

»*Gott saß in jedem Waggon*«: Das Gedicht von Tobias Schiff stammt aus *Terug op de plaats die ik nooit heb verlaten*, Uitgeverij EPO, Antwerpen 1997, ins Deutsche übersetzt von Thomas Woitkewitsch.

»*Später würde ich, angeregt*«: Alle Alfred-Jodocus-Kwak-Zitate im Buch sind neu aus dem Niederländischen übersetzt.

»*Mama, du bist die Liebste*«: Der von Herman gesungene Liedtext bezieht sich auf die niederländische Fassung des Lieds »Mama« von Heintje.

»*Um sieben Uhr morgen*«: Der zitierte Artikel von Asha ten Broeke befindet sich im Original auf: https://www.nemokennislink.nl/publicaties/doodgaan-is-een-afspraak/?search_page=true.

»*O Liebe. Wie recht hat doch der Apostel*«: Die Textpassage ist zitiert aus Astrid Lindgrens *Das entschwundene Land*, Verlag Friedrich Oetinger, Hamburg 1977.

Bye bye love, bye bye happiness: Das Lied »Bye Bye Love« stammt aus der Feder von Felice und Boudleaux Bryant und wurde höchst erfolgreich 1957 von den Everly Brothers vertont.

»Wenn man alle aktuellen Fragen«: Das Zitat von Hanya Yanagihara stammt aus einem Interview mit Hans Bouman für *De Volkskrant,* 14. Januar 2022. Übersetzung ins Deutsche von Thomas Woitkewitsch.

»Man darf nicht vergessen«: Der zitierte Artikel von Maartje Bakker stammt aus *De Volkskrant,* 11. November 2021. Übersetzung ins Deutsche von Thomas Woitkewitsch.

»Es ist etwas passiert:« Das Lied »Küsschen« (auf Niederländisch »Kusje«) wurde verfasst von Theo Olthuis. Übersetzung ins Deutsche von Thomas Woitkewitsch.

»He, kleiner Fratz auf dem Kinderrad«: Hermans Lied »Kleiner Fratz« ist die deutsche Fassung eines Sommerlieds von Ralph McTell. Übersetzung der niederländischen Fassung ins Deutsche von Thomas Woitkewitsch.

»Geschichten lehren Menschen«: Herman van Veen zitiert hier aus dem Buch »Vertel! Over de kracht avan het verhalen«, Atlas Contact, Amsterdam 2014. Übersetzung ins Deutsche von Thomas Woitkewitsch.

»Ich saß mal neben jemandem«: Das Zitat von Lena Einhorn stammt aus einem Artikel von Monica Slingerland in *Trouw,* 25. Juli 2008. Übersetzung ins Deutsche von Thomas Woitkewitsch.

»*Elefanten sind unverwundbar*«: Vergleiche Midas Dekker, »Lief die'r«, Uitgeverij Contact, Amsterdam 1994, auch erschienen unter dem Titel »Geliebtes Tier«, Hanser Verlag, München 1994. Übersetzung hier von Thomas Woitkewitsch.

»*Vielleicht sind Hühner verkleidete Engel*«: Die Frage, ob Hühner verkleidete Engel sind, wurde von der Schriftstellerin Anna Vegter gestellt.

Danke

Für ihre Ratschläge, Worte, Ideen und Geduld danke ich: Theo Olthuis, Luuk Gruwez, Dekkers, Geert Mak, Tobias Schiff, Bibi Dumon Tak, Anne Vegter, Arnon Grunberg, Gerard Leerkes, Pieter Sabel, Martine Tjie A Loi, Fatemeh Derakhshan, Letja Verstijnen, Saartje Schwachöfer und Ilka Heinemann.

Herman van Veen

Solange es leicht ist

Geschichten übers Älterwerden

»Älterwerden ist immer eine Premiere.«
Herman van Veen

Wann beginnt es, das Alter? In welchem Moment begreift man, dass der junge Mensch, der man einmal war, abgelöst wurde durch einen Herrn in den gewissen Jahren? Unerschrocken befasst sich der bekannte Musiker und Entertainer Herman van Veen mit dem Älterwerden und schreibt über sein Leben zwischen damals und heute, über Freundschaften und Vergänglichkeit, Verlust und Lebenslust und die tröstliche Kraft der Fantasie.

»Abgesehen von den knirschenden Körperteilen
und dem ständigen Vergessen von Namen,
ist für mich diese Zeit, auch wenn ich weniger jung bin
als gestern, die beste meines Lebens.«
Herman van Veen

Herman van Veen

Es regnet im Radio

Von Liedern und Erinnerungen

»Neben Louis Armstrong und Bing Crosby war Nat King Cole einer der Radiohelden meiner Mutter. Ich muss ihn schon gehört haben, als ich noch im Fruchtwasser herumschaukelte oder an einer ihrer Brüste nuckelte. Wenn ich Nat King Cole höre, laufe ich sofort zum Kühlschrank, um mir ein Glas Milch einzuschenken, oder bekomme Lust zu rudern.«

Herman van Veen

Der bekannte niederländische Liedermacher Herman van Veen schreibt über die Songs, die ihn im Laufe seines Lebens prägten und die bis heute besondere Erinnerungen in ihm auslösen. *Es regnet im Radio* ist eine musikalische und sehr persönliche Zeitreise von der Nachkriegszeit bis heute – und zugleich der Soundtrack eines Lebens und einer ganzen Generation.

»Herman van Veen begeistert und rührt. Er ist ein virtuoser Clown und poetischer Liedermacher.«
Süddeutsche Zeitung